Kurdish Grammar

LEKÎ Reference Book

Murat Baran

www.serkeftin.com/en

Contributors/Native speakers:
Mohamed Fatei (Kwêyeşt/Kuhdasht, Êwetiyen/Evatvand)
Sassan Haashemi (Kirmaşan/Kermanshah, Całen/Jalalvand)
Mêhran Nurî (Kirmaşan/Kermanshah, Xaceven/Khajavand)
Ali Fatahi (Hersîn/Harsin, Êvetiyen/Evatvand)
Mihran Moradî (Kirmaşan/Kermanshah, Kakeven/Kakavand)
Ali Qobadi (Kwêyeşt/Kuhdasht, Uław Qewa/Oladghobad)
Shêrzad Azizi (Hersîn/Harsin, Kakeven/Kakavand)
Hussein (Hersîn/Harsin, Kakeven/Kakavand)
Meryem (Hersîn/Harsin, Kakeven/Kakavand)
Kurlek (Kirmaşan/Kermanshah, Baleven/Balavand)

Copyright © Murat Baran

First edition 2023 Kwêyeşt

ISBN 9798396561472

Amazon Publishing
Cover picture: Nayabgul *(Gulwani)*

Preface

Do you want to learn **LEKÎ**? **Kurdish Grammar** makes it quite simple for you. It is directed at anyone who would like to learn the Lekî (Laki) language – whether as a holiday-goer, culture- or language enthusiast, partner, student, or employee. All contents are romanized, thus easily accessible to anyone used to the Latin alphabet.

The overview tables for grammar and important verbs help to learn quickly and easily – with or without prior knowledge. This in addition to conjugation formulas and many examples gives you the opportunity to actively learn Lekî and spare you from longwinded, boring explanatory texts! You can use this book as a resource for the first steps and to improve your existing Lekî.

Kurdish languages (Gorani, Kurmanji, Laki, Sorani and Zazaki) belong to the Iranian languages of the Indo-European language family. The book **Kurdish Grammar** is written in Lekî – this is the third most spoken language of the Kurds and is mainly spoken in Iran *(Kermanshah, Lorestan, Hamadan & Ilam)*. Additionally, many people in the U.S. and in European countries like Germany, Sweden and the UK speak Lekî.

A special thanks to *Mohamed Fatei, Sassan Haashemi, Ali Fatahi, Mihran Moradî* and *Mêhran Nurî* for their continued support in creating this book.

 This symbol indicates that the related text can be found as audio file. The audio file is also available on **www.serkeftin.com/en**

Murat Baran

Kwêyeşt, 2023

CONTENTS

Peculiarities of the Lekî Language 5
The Lekî Alphabet 8
PRONOUNS 9
    Personal Pronouns & Copula 9
    Possessive Pronouns & Suffixes (Enclitics) 10
    Interrogative Pronouns 11
    Demonstrative Pronouns 12
    The Suffixes of Diminution 13
    Reciprocal Pronoun 13
    Reflexive Pronoun 13
    Declension of Nouns 15
    "to be" Verb in the Present tense 18
    "to be" Verb in the Past tense 18
PRESENT TENSES 19
    Simple Present Tense & Present Progressive Tense 19
    Pronominal objects in the Present tense 29
    Imperative 30
    Hebün/ Nîbün / Daştin / Ha 31
    Modal Verbs in the Present Tense 33
    Subjunctive Mood with Modal Verbs (in the Present Tense) 36
    Modal verbs in the Past Tense 39
PAST TENSES 42
    Simple Past Tense 42
    Comparision of present and past tenses (Ergativity) 52

Past Progressive Tense 53
Pluperfect Tense 61
Present Perfect Tense 63
FUTURE TENSE **76**
SUBJUNCTIVE MOOD **77**
Subjunctive in the Present Tense 77
Subjunctive in the Conditonal Perfect 78
Irrealis Mood in the Past Tense 83
Conditional Clauses 85
PASSIVE VOICE **87**
In the Present Tenses 87
In the Simple Past Tense 88
In the Present Perfect Tense 90
In the Past Perfect Tense 92
ADVERBS **94**
1. The Most Common Temporal Adverbs 94
2. The Most Common Modal Adverbs 96
3. The Most Common Local Adverbs 97
PREPOSITION AND CIRCUMPOSITION **99**
ADJECTIVES **102**
1. Adjective as a Modifier 102
2. Adjective as an Adverb 102
3. Adjective as Predicate with the Verb „to be" 102
4. Formation of the Adjective from Nouns 103
5. Formation of the Adjective from Verbs (Participle) 103
6. Substantiation of the Adjectives 104
7. Comparative 104

CONTENTS 4

CONJUNCTIONS AND SUBORDINATE CLAUSES 105
  Conjunctions in Lekî 105
  Subordinate Clauses in Lekî 108
STRUCTURE OF THE LEKÎ VERBS 110
  The Simple Verbs 110
  The Compound Verbs 110
  The Compound Verbs with Prepositions 111
  The Separable Verbs 112
NUMBERS 112
  Cardinal Numbers 112
  Ordinal Numbers & Fractions 113
  Writing of the Date 113
VERB STEMS 114
Verb stems for the Passive voice 120
Abbreviations 120

Peculiarities of the Lekî Language

- A personal pronoun is not obligatory to build a sentence. The personal suffix of the verb is sufficient.

    e. g.: **Mi(n)** mewîn**im**/müwn**im**. → I see.
    Mewîn**im**./Müwn**im**. → I see.

- The word order for declarative & interrogative sentences does not differ. A question word such as **aya** etc. can be used, but it's not obligatory.

    Tu *meçî*. → *You are going.*
    Tu *meçî*? or Aya **tu *meçî*?** → *Are you going?*

- When the verb stem ends on a vowel, the vowel *i* of personal ending is omitted.

    kirdin *(-ke-)* → Meke**m** *(I do)* (personal ending -**im**)
    hatin *(-a-)* → Mea**n** *(They come)* (personal ending -**in**)

- When two vowels occur next to each other in a conjugation, sometimes they merge to a long vowel.

    (Eger) b**i** + **e**rim/**e**wrim → barim *or* bierim *or* berim *((If) I eat)*
    m**e** + **a**m → meam *or* mam *or* mâm *(I come)*

- In Lekî there is usually no separate conjugation for *simple present tense* and *present progressive tense*. For an exact differentiation, you need to use a time word such as *always, now* etc. In some regions, however, the verb **daştin** or the word **ha** is used *(only in declarative sentences)* in the present progressive tense to distinguish it from the simple present tense.

    e. g.: Meçim. → *I go / I'm going.*
    Nimeçim. → *I don't go / I'm not going.*
    Dirim meçim. → **Ha** meçim. → *I'm going.*
    Dirît meçît. → *You're going.*
    Min **îske** meçim. → *I'm going **now**.*
    Min **hemîşe** meçim. → *I **always** go.*

Peculiarities of the Lekî Language | 6

- In Lekî there is a separate conjugation for *future tense*. In some regions, however, it is the same as present tense and for an exact differentiation, you need to use a time word such as *later, tomorrow, next year* etc.

    Min **mê bi**wînim. → *I will see.*
    Min mewînim. → *I see.*
    Min **sü** mewînim. → *I will see **tomorrow**.*

- In declarative sentences a particle **-e** attaches to the first part of a compound (noun, adjective etc.) verb or to an object.

    e.g.: Mi ew**e** mewînim. – *I see that.*
    Mi ew nimewînim. – *I don't see that.*
    Mi hêz**e** megirim. – *I stand up.*
    Mi hêz nimegirim. – *I don't stand up.*

- The **word order** in Lekî:

    subject + **object** + **verb**.   Mi(n) aw**e** *mewrim*.→ *I drink water.*

    - with verbs that indicate a direction of movement:

    (**subject**) + **verb** + **object**.
    (**Min**) *meçim eřa* Îlam→ *I go to Ilam*→ (**Min**) *meçime* Îlam.

    (**subject**) + **object** + **verb** + object.
       (**Min**) aw**e** *meme* tu. → *I give you water.*

    - with modal verbs:

    (**subject**) + **modal verb** + **object** + **verb**.
        (**Min**) metünim aw**e** *bierim/berim*. → *I can drink water.*
        (**Min**) mêtim aw**e** *berim*. → *I want to drink water.*
        (**Min**) bad aw**e** *berim*. → *I must drink water.*

- **Verbs can be nominalized** with their infinitive form.

    e.g.: hwardin – *to eat*   hwardin – *eating (or food)*
    1.hwardin**i** min → 2.hwardin**ê** min → 3.hwardin**im** – *my food*

Peculiarities of the Lekî Language | 7

- In some of regions, **t-** and **n-** letters are neglected.

    X: Te çün **ît**? – *How are you?* → Te çün **î**? – *How are you?*
    K: Tu çün **în**? – *How are you?* → Tu çün **î**? – *How are you?*

- In most of regions, **b-** and **d-** letters are neglected or becomes **w/y**.

    e.g.: Min ne**y**îm. – *I didn't see.* (Hersîn)
    Min nîm. – *I didn't see.* (Kirmaşan)
    Min ne**y**îm/ne**d**îm. – *I didn't see.* (Kwêyeşt)

    Eger mi **b**ûm ... – *If I were ...*
    Eger mi ne**w**ûm ... – *If I were not ...*

- Comparison of some regional sentences:

Meçim eřa Hersîn. → I *go to* Harsin.   **Bayed** biçim → *I must go.*

Meçime Hersîn. → I *go to* Harsin.   **Bas** biçim. → *I must go.*

- In Lekî there are three ways to express a possessive:

    nam → *name*, min → *my*, -im (possessive ending equal to **my**)

    1-nam**im**, 2-nam**i** mi(n), 2-nam**ê** mi(n) → *my name*

- In Lekî there are five **buffer consonants** (-k-, -n-, -s-, -w-, -y-). These separate vowels in order to make words easier to pronounce. However, they are not used regularly.

    e.g.: Ew zîrekî **ke**. *(She is clever.)* (in Całenî)
       tu *(you)* → tu**n**îj *(you too)*
    Mi hatime. *(I've come.)* → Mi hatime**s**e mał. *(I've come home.)*
    Amekem. *(I open),* -**an** *(them)* → Aw**an**mekem. *(I open them.)*
    sipê *(white),* der *(door)* → dere sipê**y**eke *(the white door)*

- In Lekî (*romanized*) one **capitalizes** the beginnings of sentences, titles, place and proper names.

The Lekî Alphabet

Letter	IPA	Arabic	Lekî	English
A a	[a] or [ɑ]	ا	agir, âgir (fire)	father
B b	[b]	ب	bira (brother)	buy
C c	[dʒ]	ج	ca (place)	judge
Ç ç	[tʃ]	چ	çam, çyem (eye)	child
D d	[d]	د	daɫike, da (mother)	date
E e	[æ]	ە	teng (tight)	cat
Ê ê	[e]	ێ	êre (here), sê (three)	lake
F f	[f]	ف	fire (many, much)	friend
G g	[g]	گ	germ (warm)	guest
H h	[h]	ھ	halî (still)	house
Ḣ ḣ	[ħ]	ح	ḣeft, ḣef (seven)	Arabic Ḥāʼ
I i	[ə]	no letter	işkeft (cave)	focus
Î î	[i]	ى	îmřû (today)	meet
J j	[ʒ]	ژ	jen (woman)	visual
K k	[k]	ک	kuɫ (short)	cat
L l	[l]	ل	lew, liç (lip)	life
LL ll or ɫ	[ɫ]	ڵ	guɫawî (pear)	similar like all
M m	[m]	م	maɫ (home)	man
N n	[n]	ن	nam (name)	no
Ň ň or ng	[ŋ]	ں	maňe, miňa (cow)	young
Ô ô	[ø]	ۆ	kôn, tôɫ (old, forehead)	similar to bird
P p	[p]	پ	pişt (back)	park
Q q	[q]	ق	qul (leg)	Arabic Qaf
R r	[ɾ]	ر	serd (cold)	ride
RR rr or ř	[r]	ڕ	řeňîn (beautiful)	Spanish r
S s	[s]	س	sêf (apple)	sea
Ş ş	[ʃ]	ش	şîr (milk)	shape
T t	[t]	ت	tawsan (summer)	tea

Letter	IPA	Arabic	Lekî	English
U u	[ʊ]	و	kuř *(son)*	p**u**t
Û û	[u]	وو	nû *(new)*	c**oo**l
Ü ü	[ʉ]	ۊ	dür *(far)*	g**oo**se *'Australian'*
X x	[x]	خ	xas *(good)*	German **ch**
V v	[v]	ڤ	varan *(rain)*	**v**ast
W w	[w]	و	wij *(self)*	**w**est
Y y	[j]	ى	yek *(one)*	**y**ellow
Z z	[z]	ز	ziwan *(language)*	**z**ero

 Lekî has two digraphs („**xw**" and „**hw**"), that occurs frequently.
e.g.: **xw**iye/**xw**eye *(sister)*, **hw**etin *(to sleep)*, **hw**ardin *(to eat)*

PRONOUNS
Personal Pronouns and Copula

There are six pronouns in Lekî which are used as subject and object pronouns as well as possessive adjectives.

Subject case			Personal ending/copula *(bîn = to be)*		
			after a consonant	*after a vowel*	
1st person singular	min, mi	I	im	m	am
2nd person singular	tu, te, tü	you	în *or* ît *or* î	yn *or* yt *or* y	are
3rd person singular	ew, eü	he, she, it	e -ê	s *or* se *or* ke	is
1st person plural	îme, ême, hîme	we	îmin *or* îm	(y)min *or* ym	are
2nd person plural	hume, hüme, hame	you	înan	(y)nan	are
3rd person plural	ewan, ewen, awan	they	in	n	are

-ê is used only in a verb conjugation, but not after a noun or an adjective as a copula. **e.g.**: Ye *sêf* e./Ew *taze* s. *(This is an apple./He is new.)*, Ew mewînê. *(He sees.)*

Object case & possessive adjectives		Possessive pronouns	
min/mi	me, my	**hin/eŕin** min	mine
tu/te/tü	you, your	**hin/eŕin** tu	your
ew/eü	him - it / her – it his, its, her	**hin/eŕin** ew	his/her
îme	us, our	**hin/eŕin** îme	ours
hume/hüme	you, your	**hin/eŕin** hume	yours
ewan(e)	them, their	**hin/eŕin** ewane	theirs

Possessive Suffixes (Enclitics)

If some wants to express of possession of something a special suffix is added to word. If the word ends with a vowel **-m** is used instead of **-im**.

Lekî *after a consonant*	English	Example: **nam**: *name*, **datik**: *mother*
-im	my	namim/datikim *(my name/mother)*
-it	your	namit/datikit *(your name/mother)*
-ê	his - its	namê/datikê *(his name/mother)*
-ê	her - its	namê/datikê *(her name/mother)*
-man	our	namman/datikman *(our name/mother)*
-tan	your	namtan/datikdan *(your name/mother)*
-an	their	naman/datikan *(their name/mother)*
after a vowel	English	Example **bira**: *brother*
-m	my	biram *(my brother)*
-t	your	birat *(your brother)*
-y *or* **-ê**	his - its	biray *or* biraê *(his brother)*
-y *or* **-ê**	her - its	biray *or* biraê *(her brother)*
-man	our	biraman *(our brother)*
-tan	your	biratan *(your brother)*
-yan *or* **-an**	their	birayan *or* biraan *(their brother)*

Alternative forms: birarê/day mi = **my** brother/mother

Interrogative Pronouns

Lekî	English	Lekî	English
Çün?	How?	1.Tu çün în? 2.Te çün ît?	How are you?
Çend?	How many?	C: Tu çend sałit e? K: Tu çend sałan î?	How old are you?
Çenîk?	How much?	Ye çenîk e?	How much is this?
Çe?, Çi? Kî?	What?	Namit çe ye? C: Kî namit e? K: Namê tü çi ye?	What is your name?
Eřa?, Eřa çe?	Why?	Tu eřa (çe) meçî?	Why are you going?
Je kû?/ Ha...er kû? Ha...e ku?	Where? (in, at)	C: Hayner çi caê? C: Hayner kû? K: Tu je ku yî(n)? K: Hayte/hayne ku?	Where are you?
Kûreê? / Ej ku?	Where? (from)	C: Tu kûreê kîn? C: Tu ayli kû wîn? K: Tu ej ku yî? K: To xełqê/ayîl ku yî?	Where are you from?
ve kû ra? /	Where? (from)	C: Ve kû ra mayîn?	Where are you coming from?
virê kû we? / Eřa kû we? / Ku ra/wa? / Eřa ku?	Where? (to)	C: Tu virê kû we meçîn? C: Tu eřa kû we meçîn? K: Tu ku wa/řa meçî? K: Tu eřa ku meçî?	Where are you going?
Kî?	Who?	Tu kî yîn?	Who are you?
Kî?	Whom?	Tu kîye meşinasî?	Whom do you know?
Key? /Kêy?	When?	C: Tu kêy naşta miyerîn? K: Tu key nanî naşta mewirî?	When do you eat/have breakfast?
Ta çenîg?	How long?	Ta çenîg bayes biçîmin?	How long should we go?
Kam?	Which?	C: Hîn(e) tu kam e? K: Kamyan hîn tu we?	Which one is yours?
		K: Kam mał hîn tu we?	Which house is yours?

Demonstrative Pronouns

	near	far
as a <u>noun</u>	X/C: ye *(this)* H: îye *(this)* K: yeve *(this)* Ye/Îye/Yeve min im. *(This is me.)* X/C/H: yane *(these)* K: yewane *(these)* X/C: Yane îme îmin. H: Îye îme ymin. K: Yewane îme (he)îmin. *(These are us.)*	X: awe *(that)* X/C/H/K: ewe *(that)* H/K: eve *(that)* Ewe/Eve min im. *(That is me.)* ewane/wane *(those)* X: Wane îme îmin. C/K: Ewane îme îmin. H: Ewe îme ymin. K: Ewane îme heymin. *(Those are us.)*
as an <u>adjective</u> **jin/jen** : *woman* **piya** : *man* **bira** : *brother*	**êy/ê/î** ...**-e**/**-non** X: **êy** jin**e** KK/C: **ê** jen**e** H: **î**/**ê** jin**e** K: **ê**/**î** jen**e** *(this woman)* X: **êy** piya C/H: **ê** bira K: **ê**/**î** piya**e** *(this man/brother)*	**ew/aw/e** ...**-e**/**-non** X: **ew**/**aw** jin**e** KK/C: **e** jen**e** H: **e** jin**e** K: **ew** jen**e** *(that woman)* X: **ew** piya C/H: **e** bira K: **ew** piya**e** *(that man/brother)*
	êy/ê/î ...**-ele**/**(e)le** X: **êy** jin**ele** KK/C: **ê** jen**ele** H: **ê**/**î** jin**ele** C/K: **ê**/**î** jen**ele** *(these women)* X: **êy** piya**ele** KK/C/H: **ê** bira**le** H/K: **ê**/**î** piya**le** *(these men/brothers)*	**ew/e** ...- **ele**/**(e)le** X/K: **ew** jin**ele**/jen**ele** KK/C: **e** jen**ele** H: **e** jin**ele** *(those women)* X: **ew** piya**ele** KK/C/H: **e** bira**le** K: **ew** piya**le** *(those men/brothers)*

The Suffixes of Diminution

Suffixes	Examples
-îlke	biz *(goat)* → biz**îlke** *(little goat)*
-ule	şar *(city)* → şar**ule** *(little city)*
-ule /-îlêk	verx/verk *(lamb)* → verk**ule**/verk**îlêk** *(little lamb)*
-îlêk	kerê *(goatling)* → ker**îlêk** *(little goatling)*
-îlêk	kuř *(boy)* → kuř**îlêk** *(little boy)*
-îlêk	çam *(eye)* → çam**îlêk** *(eyeglass)*
-îlêk	pepûłe *(butterfly)* → pep**îlêk** *(little butterfly)*
-çe	bax *(field)* → bax**çe** *(garden)*

 Some words which have the suffixes of diminution receive a new meaning.

The Reciprocal Pronoun

yek / yektirî	each other
Ême **yek**e mewînîmin.	We see *each other*.
Ême **yektirî**ye mewînîmin.	We talk to *each other*.

Reflexive Pronouns

wij + personal ending	my/your/him/her/it(**self**) our/your/them(**selves**)

 „wij" applies to personal pronouns. It replaces the pronouns in a sentence, if it refers to the subject of the sentence:

Mi(n) **wij**me mewînim.	I see *myself*.
Tu **wij**te mewinîn/mewînî.	You see *yourself*.
Ew **wij**e mewînê.	He/She/It sees *him/her/itself*.
Îme **wij**mane mewînîmin.	We see *ourselves*.
Hume **wij**tane mewînînan.	You see *yourselves*.
Ewan **wij**ane mewînin.	They see *themselves*.

PRONOUNS 14

"**xwe**" also replaces the possessive pronouns.

X: <u>Te</u> nâm **maɫê** min î(t). KK: <u>Tu</u> hayner **maɫ** min. C: <u>Tu</u> hayne **maɫ** mire. C: <u>Tu</u> hayne **maɫ** minire. H: <u>Tu</u> hayne **maɫ** minêre. *(Kakeven)* K: <u>Tu</u> je **maɫ** min î(n). K: <u>Tü</u> hayne **maɫ** mina/awa.	You are in **my house**.
*If the owner is identical to the subject:*	
X: <u>Min</u> nâm **maɫê** *wijim* im. KK: <u>Mi</u> hamer **maɫ** *wij*. C: <u>Min</u> hame **maɫem**ire. *(without wij)* <u>Min</u> hame **maɫ** *wijm*ire. H: <u>Mi</u> hame **maɫem**êre. *(without wij)* <u>Mi</u> hame **maɫ** *wijm*êre. *(Kakeven)* K: <u>Min</u> je **maɫ** *wijm* im. <u>Min</u> hame **maɫ** *wijm*a/awa.	I am in **my** house.
X: <u>Te</u> nâm **maɫê** *wijit* ît. KK: <u>Tu</u> hayner **maɫ** *wij*. C: <u>Tu</u> hayne **maɫet**ire. *(without wij)* <u>Tu</u> hayne **maɫ** *wijt*ire. H: <u>Tu</u> hayne **maɫ** *wijt*êre. *(Kakeven)* K: <u>Tü</u> je **maɫ** *wijt* în. <u>Tu</u> hayne **maɫ** *wijt*a/awa.	You are in **your** house.
X: <u>Hîme</u> nâm **maɫê** *wijman* îmin. KK: <u>Îme</u> hamer **maɫ** *wij*. C: <u>Îme</u> hayme **maɫeman**ire. *(without wij)* <u>Îme</u> hayme **maɫ** *wijman*ire. H: <u>Îme</u> haymine **maɫ** *wijman*êre. *(Kakeven)* K: <u>Ême</u> je **maɫ** *wijman* îmin. <u>Îme</u> haymine **maɫ** *wijman*a/awa.	We are in **our** house.

Declension of nouns

Nouns can be described generally *(indefinite)* or specifically *(definite)*. In Lekî, this difference is established through endings.

Lekî	English
1. Rûj**el** kuł in. *(X/C/K)* 1. Rûj**an** kuł in. *(K)* 2. Rûj**ele** kuł in. *(X/C)* 2. Rûj**gare** kuł in. *(C)* 2. Rûj**ekel** kuł in. *(K)*	1. Day**s** are short. 2. **The** day**s** are short.
1. Jen**el**/Piya**l**/Mêr**el** pîr in. 2. Jen**ele**/Piya**le** pîr in. *(X/C)* 2. Jen**ekel**/Mêr**ekel** pîr in. *(K)*	1. Wom**en**/M**en** are old. 2. **The** Wom**en**/M**en** are old.
1. Der**el** kewn in. *(X)* 1. Der**el**/Dir**anal** kuyene n. *(C)* 1. Der**el**/Derga**el** kôn in. *(K)* 2. Der**ele** kewn in. *(X)* 2. Der**ele**/Dir**anale** kuyene n. *(C)* 2. Der**ekel**/Derga**kel** kôn in. *(K)*	1. Door**s** are old. 2. **The** door**s** are old.
1. Dit/Kuř jîr/zîrek e. *(X/K)* 1. Dit/Kuř zîrekî ke. *(C)* 2. Dit**e**/Kuř**e** jîr/zîrek e. *(X/K)* 2. Dit**e**/Kuř**e** zîrekî ke. *(C)*	1. Daughter/Son is clever. 2. **The** Daughter/Son is clever.
1.**Qêrik** birâr**el** berz in. *(X)* 1.**Qêrî/Biřî** bira/biral dirîj in. *(C)* 1.**Hinî/Biřî** bira/biral dirêj in. *(K)* 2.**Qêrik** xoyel/xwişk**el** berz in. *(X)* 2.**Qeyrî/Biřî** xwiyel dirîj in. *(C)* 2.**Hinî/Biřî** xwiye dirêj in. *(K)*	1. **Some** brother**s** are tall. 2. **Some** sister**s** are tall.
1.birâr**i**/xoye berz**im** *(X)* 1.bira/xoye dirîj**em** *(C)* 1.bira/xwiye dirêj**ekem** *(K)* 2.birâr**eli**/xoye**li** berz**im** *(X)* 2.bira/xoye **dirîj**el**em** *(C)* 2.bira/xwiye **dirêj**el**im** *(K)* 2.bira/xwiye **dirêj**ekel**im** *(K)* 2.bira**yel**/xwiyel dirêj**im** *(K)* 2.bira**kel**/xwiye**kel** dirêj**im** *(K)*	1. my tall brother/sister. 2. my tall brothers/sisters.

Declension of nouns — 16

Nominative	Ending with a consonant	Ending with a vowel
absolute	kuř *(son)*, rûj *(day)*	bira *(brother)*
singular *zîrek* = clever *tenya* = alone	-non Kuř zîrek e. *(Son is clever.)*	-non Bira tenya s/se/ye/ke. *(Brother is alone.)*
plural *kuř* = son	-el or -an Rûjel kuł in. *(Days are short.)*	-l Biral tenya n/ne/kin. *(Brothers are alone.)*
	Ending with a consonant	Ending with a vowel
definite		
singular *jîr* = clever *dirîj/dirêj* = tall	-eke or -e Kuřeke jîr e. *(The son is clever.)*	-ke Birake tenya s/ye. *(The brother is alone.)*
plural	-ekel(e) or -ele or -eyle C: Jenele dirîj in. K: Jenekele dirêj in. *(The women are tall.)*	-kel(e) or -le or -yle X: Piyale berz in. K: Piyakele dirêj in. *(The men are tall.)*
indefinite		
singular *dirîj/berz* = tall	-êk or -ê or yê/ye(k) … Kuřêk/Ye kuř dirîj e. *(A son is tall.)*	-êk … -non or yê/ye(k) … Biraêk dirîj e. *(A brother is new.)*
plural	hinî/biřî/çen … -el/non 1.**Biřî** jinel dirîj in. 2.**Çen gile** jin berz in. *(Some women are tall.)*	hinî/biřî/çen … -l/non 1.**Biřî** biral dirîj in. 2.**Çen gile** bira dirîj in. *(Some brothers are tall)*

Vocative	definite	
feminine	-(ek)e/-non Dałke! *(Mum!)* Mîmî! *(Aunt!)*	*Vocative case is not used for proper names.*
masc.	-(ek)e/-non Kuře(ke)! *(Boy!)* Memû! *(Uncle!)*	
plural	-el/-êl Kuřêl ho! *(Boys!)* Ditêl ho! *(Girls!)*	

Declension of nouns

Ezafe	Ending with a consonant	Ending with a vowel
absolute	-i ... -non *or* -ê ... -non	-y ... -non *or* -ê ... -non
singular	jin**i** řengîn *or* jin**ê** řengîn *(beautiful woman)*	bira**y** nû/taze *(new brother)*
definite		
singular	-**eke** ... -**e** *or* -**e** ... -**e(ke)** X: kuře berz**eke** C: kuře dirîj**e** K: kuř**eke** dirêj**e** K: kuře dirêj**eke** *(the tall boy)*	-**non** ... -**non** *or* -**non** ... -**weke** *or* -**ke** ... -**we/ye** C: bira taze K: bira**ke** nûwe K: bira nû**weke** *(the new brother)*
plural nû/taze = new siye/sê = black pişî/kite = cat	-**e** ... -**ele** *or* -**e** ... -**ekel** *or* -**ekel** ... -**non** X: kuř**el** berz**ele** C: kuře dirîj**ele** K: kuře dirêj**ekel** K: kuř**ekel** dirêj *(the tall sons)*	-**non** ... -(**e**)**le** *or* -**non** ... -**kel** *or* -**yekel** ... -**non** X: kit**el** siy**ele**/siye**gan** C: pişî sê**ele** K: pişî siye**kel** K: pişî**yekel** siye *(the black cats)*
indefinite		
singular	-**êki** ... -**non** *or* **yey** ...-**i** ... *or* **non** ... -**î** *or* -**êkî** ...-**non** X: jin**êki** řengîn X: **yey** jin**i** řengîn C: jen řengîn**î** K: jen**êkî** řengîn C/K: **ye/yê** jen řengîn *(a beautiful woman)*	-**êki/î** ... -**non** *or* **yey/-ye** /-**yê** ...-**non** *or* -**non** ...-**y** X: xoye**êki** nû X: **yey** xoye nû C: bira taze**y** C/K: **ye/yê** bira taze/nû K: bira**êkî** nû *(a new sister/brother)*
plural	-**eli** ... -**non** *or* -**el** ... -**non** X: jin**eli** řengîn C/K: jen**el** řengîn *(beautiful women)*	-**li/l** ... -**non** *or* -**non** ... -**l** X: xoye**li** nû C: xôye taze**l**/xôye**l** taze K: xwiye**l** nû *(new sisters)*

The verb *"to be"* in present tense

The personal endings are used to express *"to be = bün/bîn"*. The endings are added after an adjective or noun as well as in a verb conjugation.

Lekî	Conjugation	Negation
1ˢᵗ person sg. -im	Mi cuwan/řengîn **im**. I am beautiful.	Mi cuwan/řengîn **nîm**. I am not beautiful.
2ⁿᵈ person sg. -ît/-în	Tu řengîn/řeñîn **ît/în**. You are beautiful.	Tu řengîn/řeñîn **nîyn**. You aren't beautiful.
3ʳᵈ person sg. **-e** *(after consonant)* or **-s/-ye** *(after vowel)*	Ew řengîn **e**. He/She/It is beautiful. Ew/Eü taze **s/ye**. He/She/It is new.	Ew řengîn **nîye**. He/She/It isn't beautiful. Ew taze **nîye**. He/She/It is new.
1ˢᵗ person pl. -îmin	Îme řengîn **îmin**. We are beautiful.	Îme řengîn **nîmin**. We aren't beautiful.
2ⁿᵈ person pl. -înan	Hume řengîn **înan**. You are beautiful.	Hume řengîn **nînan**. You aren't beautiful.
3ʳᵈ person pl. -in	Ewan řengîn **in**. They are beautiful.	Ewan řengîn **nîn**. They aren't beautiful.

The verb *"to be"* in past tense

Personal ending	Conjugation	Negation
1ˢᵗ person sg. -m	Mi řengîn bü**m**/bî**m**. I was beautiful.	Mi řeñîn ne**wü**m/ne**wî**m. I was not beautiful.
2ⁿᵈ person sg. -yt/-yn → -t/-n	Tu řengîn bü**yn** → bü**n**. You were beautiful.	Tu řengîn ne**wü**n. You weren't beautiful.
3ʳᵈ person sg. -no ending	Ew řengîn bü. He/She was beautiful.	Ew řengîn ne**wü**. He/She wasn't beautiful.
1ˢᵗ person pl. -ymin → -min	Îme řengîn bü**min**. We were beautiful.	Îme řengîn ne**wü**min. We weren't beautiful.
2ⁿᵈ person pl. -ynan → -nan	Hume řengîn bü**nan**. You were beautiful.	Hume řengîn ne**wü**nan. You weren't beautiful.
3ʳᵈ person pl. -n	Ewan řengîn bü**n**. They were beautiful.	Ewan řengîn ne**wü**n. They weren't beautiful.

PRESENT TENSE
Present Progressive & Simple Present Tense

Both tenses are the same. Usually, the conjugation of the verb ***daştin*** or the word ***ha*** is used in the present progressive to distinguish it from the simple present tense. The verb ***daştin*** and the word ***ha*** are not used in present progressive negation sentences.

Formation of regular verbs with a stem ending in a consonant: Preverb (**me**-) + Present Stem + Personal ending Preverb (**ni**-) + Preverb (**me**-) + Present Stem + Personal ending		
Example: **çün/çîên** - *to go*		Verb stem: -**ç**-
Conjugation	1. Min di**rim me**çim. *(X/C/H/K)* 1. Min **ha me**çim. *(K)* 2. Min **me**çim. *(X/C/H/K)*	1. I'm going. 2. I go./I'm going.
	X: Te (di**rît**) **me**çît. C/H: Tü (di**rîn**) **me**çîn. K: Tu (di**rî**) **me**çî/**me**çîn. Tu (**ha**) **me**çî/**me**çîn.	You are going.
	X: Ew (di**rê**) **me**çê. C: Ew/Eve (di**rî**) **me**çû. H: Eü (di**rî**) **me**çû. K: Ew (di**rê/ha**) **me**çû.	He/She/It is going.
	X: Hîme (di**rîmin**) **me**çîmin. C/H/K: Îme (di**rîmin**) **me**çîmin. K: Îme (di**rîmin/ha**) **me**çîm.	We are going.
	X: Home (di**rînan**) **me**çînan. C/H: Hüme (di**rînan**) **me**çînan. K: Hume (di**rînan/ha**) **me**çînan.	You are going.
	X: Awan (di**rin**) **me**çin. C/H: Ewan (di**rin**) **me**çin. K: Ewan (di**rin/ha**) **me**çin.	They are going.

PRESENT TENSE

Negation **ni** – not *(usually)* **ne** - not	X: Min **ne**meçim. C/H/K: Min ni**me**çim.	I don't go/am not going.
	X: Te **ne**meçît. C/H: Tü ni**me**çîn. K: Tu ni**me**çî.	You don't go/are not going.
	X: Ew **ne**meçê. C: Ew/Eve ni**me**çû. H: Eü ni**me**çû. K: Ew ni**me**çû.	He/She doesn't go/isn't going.
	X: Hîme **ne**meçîmin. C: Îme ni**me**çîmin. H: Îme ni**me**çîmin. K: Îme ni**me**çîm.	We don't go/are not going.
	X: Home **ne**meçînan. C/H: Hume ni**me**çînan. K: Hume ni**me**çîn.	You don't go/are not going.
	X: Awan **ne**meçin. C/H/K: Ewan ni**me**çin.	They don't go/are not going.
Interrogative can be formed with or without „aya"	Min meçim?	Do I go?
	Te/Tü meçît/meçîn?	Do you go?
	Ew/Eü meçê/meçû?	Does he/she/it go?
	Îme meçîmin?	Do we go?
	Hume meçînan?	Do you go?
	Ewan meçin?	Do they go?
Interrogative + Negation can be formed with or without „aya"	Min nimeçim?	Do I not go?
	Te/Tü nimeçît/nimeçîn?	Do you not go?
	Ew/Eü nimeçê/nimeçû?	Does he/she/it not go?
	Îme nimeçîmin?	Do we not go?
	Hume nimeçînan?	Do you not go?
	Ewan nimeçin?	Do they not go?

PRESENT TENSE | 21

Formation of irregular verbs with a stem ending in a vowel:
Preverb (**me**-) + Present Stem + Personal ending
Preverb (**ni**-) + Preverb (**me**-) + Present Stem + Personal ending

Example: **hatin** - *to come*		Verb stem: -**a**-
Conjugation	1. Mi dir**im**/ha me**a**m. 2. Mi **mea**m → **ma**m.	1. I am coming. 2. I come.
	Tu **mea**yîn → **ma**yîn.	You come.
	Ew **mea**y → **ma**y.	He/She/It comes.
	Îme **mea**min → **ma**min.	We come.
	Hume **mea**nan → **ma**nan.	You come.
	Ewan **mea**n → **ma**n.	They come.
Negation **ni** - *not*	Mi **ni**meam → **ni**mam.	I don't come.
	Tu **ni**mayîn.	You don't come.
	Ew **ni**may.	He/She/It doesn't come.
	Îme **ni**mamin.	We don't come.
	Hume **ni**manan.	You don't come.
	Ewan **ni**man.	They don't come.

Formation of irregular verbs:
Preverb (**me**-) + Present Stem + Personal ending
Preverb (**ni**-) + Preverb (**me**-) + Present Stem + Personal ending

Example: **dünin** - *to see*		Verb stem: -**wîn**-/-**win**-
Conjugation	X/H: Mi me**ü**wn**im** → **mü**wn**im**. KK/C/H: Min **me**win**im**. K: Min **me**wîn**im**.	I see.
	X: Te me**ü**wn**ît** → **mü**wn**ît**. KK/C: Tü **me**win**în**. H: Tü **me**win**în**/**mü**wn**în**. K: Tu **me**wîn**î**.	You see.
	X: Ew me**ü**wn**ê** → **mü**wn**ê**. KK/C: Ew **me**win**ê**. H: Eü **me**win**î**/**mü**wn**ê**.	He/She/It sees.

PRESENT TENSE 22

	K: Ew **me**wîn**ê**/**me**win**êtê**.	
	X: Hîme m**ü**wn**îmin**. KK/C: Îme **me**win**îmin**. H: Îme **me**win**îmin**/**m**üwn**îmin**. K: Îme **me**wîn**îmin**/**me**wîn**îm**.	We see.
	X: Home m**ü**wn**înân**. C: Hüme **me**win**înan**. KK/H: Hume **me**win**înan**. K: Hume **me**wîn**înan**/**me**wîn**în**.	You see.
	X: Awan m**ü**wn**in**. KK/C: Ewan **me**win**in**. H: Ewan/Ewen **me**win**in**/m**ü**wn**in**. K: Ewan **me**wîn**in**.	They see.
Negation **ni** – not	X: Min **ne**müwîn**im**. C: Min **ni**müwin**im**. H: Min **ni**müwn**im**. K: Min ni**me**wîn**im**.	I don't see.
	X: Te **ne**müwîn**ît**. C: Tu **ni**müwin**în**. H: Tü **ni**müwn**în**. K: Tu ni**me**wînî.	You don't see.
	X: Ew **ne**müwîn**ê**. C: Ew **ni**müwin**ê**. H: Eü **ni**müwnî/**ni**müwn**ê**. K: Ew ni**me**wîn**ê**/ni**me**win**êtê**.	He/She doesn't see.
	X: Hîme **ne**müwîn**îmin**. C: Îme **ni**müwin**îmin**. H: Îme **ni**müwn**îmin**. K: Îme ni**me**wîn**îmin**.	We don't see.
	X: Home **ne**müwîn**înân**. C: Hüme **ni**müwin**înan**. H: Hume **ni**müwn**înan**. K: Hume ni**me**wîn**înan**.	You don't see.

PRESENT TENSE 23

	X: Awan **nem**üwîn**in**. C: Ewan **ni**müwin**in**. H: Ewan **ni**müwn**in**. K: Ewan ni**me**wîn**in**.	They don't see.

Formation of transitive verbs with an object:
1. Object + -e & Preverb (**me**-) + Present Stem + Personal ending
2. Preverb (**me**-) + Present Stem + P. E. + pronominal object
1. Object + & Preverb (**nime**-) + Present Stem + Personal ending
2. Preverb (**nime**-) + Present Stem + P. E. + pronominal object

Example: **dünin** - *to see*		Verb stem: -**wîn**-
	X: Min müwn**im**et/**te** müwn**im**. KK: Min **tu**n**e** mi**ü**n**im**/**me**win**im**. C: Min **tu**e **me**win**im**/**me**ün**im**. H: Mi **tü**e **me**win**im**/**me**ün**im**. K: Min **tu**e **me**wîn**im**.	I see you.
	X: Min müwn**im**êy/**ew** müwn**im**. KK/C/H: Min **ew**e **me**win**im**/mi**ü**n**im**. K: Min **ew**e **me**wîn**im**.	I see him/her/it.
	X: Min müwîn**im**êy/**ew** müwn**im**. KK/C/H: Min **ew**e **me**win**im**. K: Min **ew**e **me**wîn**im**.	I see them.
	X: Min müwîn**im**îan/**ewan**e müwn**im**. KK/C/H: Min **ewan**e **me**win**im**. K: Min **ewan**e **me**wîn**im**.	I see them.
	X: Min **malêk** müwn**im**. C: Min **malê**/**xaneg**ê **me**win**im**. H: Mi **malî** **me**win**im**. K: Min **malêkî** **me**wîn**im**.	I see a house.
	X: Min **mal**e(ke) müwn**im**. C: Min **e malege**/**xanege** **me**win**im**. H: Mi **male** **me**win**im**. K: Min **malê**(ke) **me**wîn**im**.	I see the house.

PRESENT TENSE 24

Formation of compound verbs:		
Preverb (**me**-) + Present Stem + Personal ending Preverb (**ni**-) + Preverb (**me**-) + Present Stem + Personal ending		
Example: **hêz** girtin - *to stand up*		Verb stem: **hêz** -gir-
Conjugation **e** is an indicative particle.	Mi hê**z**e **me**gir**im**.	I stand up.
	X: Te hê**z**e **me**gir**ît**.	You stand up.
	C/H/K: Tü/Tu hê**z**e **me**gir**în**.	
	X/C/K: Ew hê**z**e **me**gir**ê**.	He/She/It stands up.
	H: Eü hê**z**e **me**gir**î**.	
	Îme hê**z**e **me**gir**îmin**.	We stand up.
	Hume hê**z**e **me**gir**înan**.	You stand up.
	Ewan hê**z**e **me**gir**in**.	They stand up.
Negation **ni** - *not*	Min hêz ni**me**gir**im**.	I don't stand up.
	Tu hêz ni**me**gir**în**.	You don't stand up.
	Ew hêz ni**me**gir**ê**.	He/She doesn't stand up.
	Îme hêz ni**me**gir**îmin**.	We don't stand up.
	Hume hêz ni**me**gir**înan**.	You don't stand up.
	Ewan hêz ni**me**gir**in**.	They don't stand up.

Formation of separable compound verbs with the suffix -a/-e:		
H: Preverb (**me**-) + Present Stem + Personal ending + -**a** K: **a** + Preverb (**me**-) + Present Stem + Personal ending Preverb (**ni**-) + Preverb (**me**-) + Present Stem + Personal ending + -**a** **a** + Preverb (**ni**-) + Preverb (**me**-) + Present Stem + Personal ending		
Example: **akirdin/edan** - *to open*		Verb stem: -**ke**-a/-**ye**-e
Conjugation	C: Mi **me**y**e**m**e** → **mê**em**e**. H: Mi **me**k**e**m**a**. *(Êvetiyen)* Mi **me**m**a**. *(Kakeven)* K: Mi a**me**k**em**.	I open.
	C: Tu **me**y**e**yn**e** → **mê**eyn**e**. H: Tü **me**k**e**în**a** → **me**kîn**a**. K: Tu a**me**k**eîn**.	You open.
	C: Ew **me**y**e**y**e** → **mê**ey**e**.	He/She/It opens.

PRESENT TENSE 25

	H: Eü **me**k**ey**a. K: Ew a**me**k**ey**/a**me**k**êtê**.	
	C: Îme **mêe**min**e**. H: Îme **me**kîmin**a**. K: Îme a**me**keîmin.	We open.
	C: Hume **mêe**nan**e**. H: Hüme **me**kînan**a**. K: Hume a**me**keînan.	You open.
	C: Ewan **mêe**n**e**. H: Ewan **me**ke**n**a. K: Ewan a**me**ke**n**.	They open.
Negation **ni** - *not*	C: Mi ni**mêe**me. H: Mi ni**me**kema. K: Mi ani**me**kem.	I don't open.
	C: Ewan ni**mêe**yne. H: Tü ni**me**kîna. K: Tu ani**me**keîn.	You don't open.
	C: Ew ni**mêe**ye. H: Eü ni**me**keya. K: Ew ani**me**key.	He/She doesn't open.
	C: Îme ni**mêe**mine. H: Îme ni**me**kîmina. K: Îme ani**me**keîmin.	We don't open.
	C: Hume ni**mêe**nane. H: Hüme ni**me**kînana. K: Hume ani**me**keînan.	You don't open.
	C: Ewan ni**mêe**ne. H: Ewan ni**me**kena. K: Ewan ani**me**ken.	They don't open.
Interrogative can be formed with or without „**aya**"	Mi mekema/amekem?	Do I open?
	Tü/Tu mekîna/amekeîn?	Do you open?
	Eü/Ew mekeya/amekey?	Does he/she open?
	Îme mekîmin/amekeîmin?	Do we open?
	H: Hüme mekînan? K: Hume amekeînan?	Do you open?

PRESENT TENSE 26

	Ew meken/ameken?	Do they open?
Interrogative + Negation can be formed with or without „aya"	H: Mi nimekema? K: Mi animekem?	Do I not open?
	H: Tü nimekîna? K: Tu animekeîn?	Do you not open?
	H: Eü nimekeya? K: Ew animekey?	Does he/she not open?
	H: Îme nimekîmina? K: Îme animekeîmin?	Do we not open?
	H: Hüme nimekînana? K: Hume animekeînan?	Do you not open?
	H: Ewan nimekena? K: Ewan animeken?	Do they not open?

Formation of compound verbs: Preverb (**me-**) + Present Stem + Personal ending Preverb (**ni-**) + Preverb (**me-**) + Present Stem + Personal ending		
Example: **vaz kirdin - *to open***		Verb stem: **vaz-ke-**
Conjugation	X: Min wa**z**e/wa **me**ke**m**. C/H/K: Min vaz**e me**ke**m**.	I open.
	X: Te wa **me**ke**yt**. C/H/K: Tu vaz**e me**ke**în/mekîn**.	You open.
	X: Ew wa **me**ke**y**. C: Ew vaz**e me**ke**ît**. H/K: Ewe/Ew vaz**e me**ke**y**.	He/She/It opens.
	X: Hîme wa **me**ke**ymin**. C/K: Îme vaz**e me**ke**îmin**. H: Îme vaz**e me**k**îm**.	We open.
	X: Home wa **me**ke**ynân**. C/K: Hume vaz**e me**ke**înan**. H: Hume vaz**e me**k**înan**.	You open.
	X: Awan wa **me**ke**n**. C/H/K: Ewan vaz**e me**ke**n**.	They open.

PRESENT TENSE 27

Negation ni - *not*	X: Min wa **ne**mekem. C/H/K: Min vaz ni**me**ke**m**.	I don't open.
	X: Te wa **ne**meke**yt**. C/K: Tu vaz ni**me**keîn. H: Tu vaz ni**me**kîn.	You don't open.
	X: Ew wa **ne**mekey. C: Ew vaz ni**me**keît. H/K: Ew vaz ni**me**key.	He/She/It doesn't open.
	X: Hîme wa **ne**mekeymin. C/K: Îme vaz ni**me**keîmin. H: Îme vaz **ni**mekîm.	We don't open.
	X: Home wa **ne**mekeynân. C/K: Hume vaz ni**me**keî**nan**. H: Hume vaz **ni**mekînan.	You don't open.
	X: Awan wa **ne**meken. C/H/K: Ewane vaz ni**me**ke**n**.	They don't open.

Conjugation **with object** *door* = der, dir, derga *some* = biřî, qêrêk, çen, hinî	X: Min der**ê**k waze me**ke**m. KK: Min der**ê**ke me**ke**ma. C: Min derê mêemeve/vaze **me**ke**m**. H: Min derî me**ke**ma/vaze me**ke**m. *(Êvetiyen)* Min derê **me**ma/me**ke**ma/vaze mekem. *(Kakeven)* K: Mi derê/dergaî a**me**kem/vaze me**ke**m.	I open a door.
	X: Min dere waze me**ke**m. KK: Min dere me**ke**ma. C: Min dere mêemeve/vaze **me**ke**m**. H: Min dere **me**ma/me**ke**ma/vaze mekem. K: Mi dere/dergake a**me**kem/vaze me**ke**m.	I open the door.
	X: Min der**el** waze me**ke**m. KK: Min derele me**ke**ma. C: Min derele mêemeve/vaze **me**kem. H: Min dirilê **me**ma/me**ke**ma/vaze me**ke**m. K: Mi derile/dergale a**me**kem/vaze me**ke**m.	I open door**s**.

PRESENT TENSE 28

door = der, dir, derga **some** = biřî, qêrêk, çen, hinî	C: Min der**anele** m**ê**em**eve**/v**aze** **mekem**. H: Min dir**ele** m**e**ma/me**ke**ma. K: Mi der**ele**/derga**kele** a**me**ke**m**.	I open the doors.
	X: Min **qêrêk** dere w**aze** me**ke**m. C: Min **çen** gile der(**e**) m**ê**em**eve**. H: **Çen** der(**e**) m**e**ma/v**aze** me**ke**m/me**ke**ma. K: **Hinî/Biřî/Çen** (gile) der a**me**kem/v**aze** me**ke**m.	I open some doors.
	X: Min **êy** dere w**aze** me**ke**m. C: Min **ê** der**e** m**ê**em**eve**/v**aze** **mekem**. H: Min **ê/î** der**e** m**e**ma/me**ke**ma/v**aze** me**ke**m. K: Mi **ê/î** der**e**/derga a**me**kem/v**aze** me**ke**m.	I open this door.
	X: Min **ew** dere w**aze** me**ke**m. C: Min **e** der**e** m**ê**em**eve**/v**aze** **mekem**. H: Min **e** der**e** m**e**ma/me**ke**ma. K: Mi **e/ew** der**e**/derga a**me**kem/v**aze** me**ke**m.	I open that door.
	X: Min **êy** der**ele** w**aze** me**ke**m. C: Min **ê** der**ele** m**ê**em**eve**/v**aze** **mekem**. H: Min **ê/î** der**ele** m**e**ma/me**ke**ma. K: Mi **ê/î** der**ele**/derga**le** a**me**ke**m**.	I open these doors.
	X: Min **ew** der**ele** w**aze** me**ke**m. C: Min **e** der**ele** m**ê**em**eve**/v**aze** **mekem**. H: Min **e** der**ele** m**e**ma/me**ke**ma. K: Mi **e/ew** der**ele**/derga**le** a**me**kem.	I open those doors.
	X: Min waz**ê** me**ke**m. KK: Min me**ke**mya. C: Min **eve** m**ê**em**eve**/v**aze** **mekem**. Min m**ê**em**ê**eve/v**aze** me**ke**m**ê**. H: Min **eve/ye** m**e**ma/v**aze** me**ke**m/me**ke**ma. K: Mi **eve** a**me**kem/v**aze** me**ke**m**ê**.	I open it.
	X: Min waz**yan** me**ke**m. KK: Min **ewnele** me**ke**ma. C: Min **ewane** m**ê**em**eve**/v**aze** **mekem**. H: Mi **ewane** m**e**ma/v**aze** me**ke**m/me**ke**ma. K: Mi ewane a**me**kem/a**wan**me**ke**m. *(Êwetiyen)* Mi v**aza**ne me**ke**m/**ewane** v**aze** me**ke**m.	I open them.

Pronominal Objects in the present tense

Object pronouns of the present tense or imperative are normally attached to some part of the verbal construction. If there is a compound verb, the pronouns attach to the first part (a *noun*, an *adjective* or a *prefix*) of the verb. If the verb is not compound, the pronouns attach right after personal endings. Pronominal object suffixes are used only with transitive verbs.

clitics		Examples (nîşan dan = **to show**)
-im -m	me	Nîşan**im**e meyn (You show **me**) Nîşan**im** nimeyn (You don't show **me**)
-it -t	you	Nîşan**it**e mem (I show **you**) Nîşan**it** nimem (I don't show **you**)
-ê/-êy/-î -y, -tî	him/her/it	Nîşan**ê** mem (I show **him/her**) Nîşan**ê** nimem (I don't show **him/her**)
-man	us	Nîşan**man**e meyn (You show **us**) Nîşan**man** nimeyn (You don't show **us**)
-tan	you	Nîşan**tan**e mem (I show **you**) Nîşan**tan** nimem (I don't show **you**)
-an -yan	them	Nîşan**an**e mem (I show **them**) Nîşan**an** nimem (I don't show **them**)
(vitin = **to say**, girtin = **to hold/take**, birdin = **to take/bring**)		
-ê	it	Meüşim**ê**/Mûşim**ê** (I say **it**) Nimeüşim**ê**/Nimûşim**ê** (I don't say **it**)
		Meüşêt**ê** (He/She says **it**) Nimeüşêt**ê** (He/She doesn't say **it**)
-an	them	Megirîn**an** (You hold **them**) Nimegirîn**an** (You don't hold **them**)
-im	me	Mawrîn**me** mał (You take/bring **me** home)
-t	you	Mawrim**te** mał (I take/bring **you** home)
separable compound verbs: edanev = **to open**, akirdin = **to open**		
-ê	it	Min mê**em**êeve (I open **it**) Min nimê**em**êeve (I don't open **it**)
-(w)an	them	Min awa**n**mekem (I open **them**) Min awa**n**nimekem (I don't open **them**)

 If we want to say, *I show myself.* = Wij**im** nîşan mem.
I see myself. = Wij**im** mewînim.

Imperative

Formation	Verb	Imperative
bi + verb stem (2nd person, singular) **ne** + verb stem	vitin *(to say)* verb stem: -üş-/-ûş-	Büş!/Bûş! *(Say!)* (exception) X: **Neüş**! *(Don't say!)* K: **Neûş**! *(Don't say!)*
	senin/xiřîn *(to buy)* verb stem: -sîn-/-xiř-	Bisîn!/Bixiř! *(Buy!)* X/H: **Nesîn**! *(Don't buy!)* K: **Nexiř**! *(Don't buy!)*
	çîn/çün *(to go)* verb stem: -ç-	Biçû! *(Go!)* (exception) Neçû! *(Don't go!)*
bi + verb stem + **in** (2nd person, plural) **ne** + verb stem + **in**	vitin *(to say)* verb stem: -üş-	Büşin! *(Say!)* Neüşin! *(Don't say!)*
	senin *(to buy)* verb stem: -sen-	Bisînin! *(Buy!)* Nesînin! *(Don't buy!)*
	çîn/çün *(to go)* verb stem: -ç-	Biçin! *(Go!)* Neçin! *(Don't go!)*
With ***pronominal objects***	X: Bisîn**êy**! H: Bisîn**tî**! K: Bixiř**ê**! *(Buy it!)*	X: Nesîn**êy**! H: Nesîn**tî**! K: Nexiř**ê**! *(Don't buy it)*
	X: Bisîn**yan**! H: Bisîn**an**! K: Bixiř**an**! *(Buy them!)*	X: Nesîn**yan**! H: Nesîn**an**! K: Nexiř**an**! *(Don't buy them!)*
	Baw/Bew biçîm! *(Let's go!)*	Bew/Bew bisenîm! *(Let's buy!)*
	Bûwrê biçîmin! *(Let's go!)*	Bûwrê bixiřîmin! *(Let's buy!)*
	Bêyl biçim! *(Let me go!)*	Bihêyl/Bêyl bixiřim! *(Let me buy!)*

Hebün / Nîbün / Daştin / Ha

hes/ha_er/hen: there is/are	nîye/nîn: there is/are not

hes *(singular)*
X: Jenêk/Derêk **hes**.
KK: Jenê/Derê **hes**.
C/K: Jenê/Derê **hes**.
(There is a woman/door.)
 	
X: Jenêk/Derêk **ha** ve/er êre/ewre.
KK: Jenê/Derêk **ha** <u>êre</u>/<u>wire</u>.
   Er êre ye gile jen/der **hes**.
C: Jenê/Derê **ha**(r) <u>êrele</u>/<u>wirele</u>.
   Ye gile jen/der **har** <u>êrele</u>/<u>wirele</u>.
K: Jenê/Derê **ha** (je/e) <u>êre</u>(le).
(There is a woman/door <u>over here/there</u>.)
	nîye *(singular)*
	X: Jenêk/Derêk **nîye**.
	KK: Jenê/Derêk **nîye**.
	C/K: Jenê/Derê **nîye**.
	(There is no woman/door.)
	
	X: Êre/Ewre jenêk/derêk **nîye**.
	KK: Er êre jen/der **nîye**.
	C: Jenê/Derê <u>êrele</u>/<u>wirele</u> **nîye**.
	K: Jenê/Derê <u>êrele</u>/<u>wirele</u> **nîye**.
	(There is no woman/door <u>over here/there</u>.)

hen *(plural)* X: Jenelêk/Derelêk **hen**. KK: Jenele/Derele **hen**. C: Jenelêk/Derelêk **hen**. K: Jenel/Derel **hen**. *(There are women/doors.)* X: Jenelêk/Derelêk **ha** ve/er êre. C: Jenelêk/Derelêk **ha** ve/er êre. K: Jenel/Derel **ha** <u>êre/êrele</u>. *(There are women/doors <u>over here</u>.)*	**nîn** *(plural)* X: Jenelêk/Derelêk **nîn**. KK: Hüç jen**êk**/der**êk** **nîye**. C: Qeyrî jen**er**/jen**el** **nîye**. K: Jenel/Derel **nîyin**. *(There are no women/doors.)* X: Ewre derelêk/jenelêk **nîn**. C: Qeyrî jen**er**/jen**el** <u>êrele</u> **nîye**. K: Jenel/Derel <u>wirele</u> **nîyin**. *(There are no women/doors <u>over there</u>.)*

Hebûn / Nîbûn / Daştin / Ha

daştin (dêr-/dir-): to have	daştin (ni + dêr → nêr-): not to have
X: Min birârêk **dirim**. KK: Mi **ye gile** bira **dêrim**. KK/C: Min biraêk/biraê **dirim**. K: Min biraêkî **dêrim**. Min **yê** bira **dêrim**. *(I **have** a brother.)*	X: Min birârêk **nêrim**. KK: Min bira **nêrim**. Min biraêk **nêrim**. C/K: Min biraê **nêrim**. K: Min biraêkî **nêrim**. *(I **don't have** a brother.)*
X: Min birârelêk **dirim**. Min birârelim **dirê**. KK: Mi bira**l dêrim**. C: Qeyrî/Çen gile bira **dirim**. K: Min biraêlê **dêrim**. *(I **have** brothers.)*	X: Min birarelêk **nêrim**. (Hüç) birarelêkim **nêrê**. KK: Hüç biraêk **nêrim**. C: Çen gile bira **nêrim**. K: Min biraêlê **nêrim**. *(I **have no** brothers.)*
In the past tense: **daştin** (ne + daşt→ nêaşt)	
X: Birârêkim **daşt**. KK: Min biramê **daşt**. C: Min biramî **daşt**. *(I **had** a brother.)*	X: Birârêkim ni**yaşt**. KK: Min biram n**êaşt**. C: Min biram n**îaşt**. *(I **didn't have** a brother.)*
In the future tense: **daştin** (ne + daşt→ nêaşt)	
X: Birârêkim mey bi**yaştû**. KK: Mi qirare biramê **daştü**. Biramê eřane **maw**/mâw. C: Min biraê **dêrim**. *(I **will have** a brother.)*	X: Birârêkim **ne**mey bi**yaştû**. KK: Mi qirare biramê **nêaştü**. Biramê eřa nemaw/nemâw. C: Min biraê **nêrim**. *(I **won't have** a brother.)*

ha: to be in/at/on somewhere	plural
Min ham<u>er</u>/hame êre. *(I **am** here.)*	Îme haym<u>er</u>/hayme êre. *(We **are** here.)*
Tu hayn<u>er</u>/hayne êre. *(You **are** here.)*	Hume hayn<u>er</u>/hayne êre. *(You **are** here.)*
Ew har êre. *(He/She/It **is** here.)*	Ewan han<u>er</u>/hane êre. *(They **are** here.)*

 The word **ha** is used, if a location is mentioned. The letter **r** in the postposition <u>er</u> is sometimes neglected.

Modal verbs in the Present tense

Modal verb	Conjugation	Negation
	me + verb stem + P. E.	nime + Verb stem + P. E.
wastin, gistin, hwastin *(to want)* -êt- *(X/H)*, -gî- *(X/C)*, -ê- *(C/K)*, -êwê- *(K)*	X/H: Mi **meêtim** X/C: Mi **megîm** KK: Mi **mêm/meêm** C/H: Mi **meêm** *(Kakeven)* K: Mi **mêwêm/mêm** *(I want)*	X/H: Mi **ni**meêtim X/C: Mi **ni**megîm KK: Mi nemêm/nimeêm C/H: Mi **ni**meêm K: Mi **ni**mêwêm/nimêm *(I **don't** want)*
	X/H:Te/Tu **meêtit/mêtîn** X/C: Te/Tu **megît** KK/C/H: Tu **meêt** K: Tu **mêwêt/mêt** *(You want)*	X: Te **ni**meêtit H: Tu **ni**mêtîn C: Tu **ni**megît/nimeêt K: Tu **ni**mêwêt/nimêt *(You **don't** want)*
	X/H:Ew **meêtê/mêtê** C: Ew **megîtê** KK/C: Ew **meêtê/meytê** H: Eü **meytê** *(Kakeven)* K: Ew **mêwêtê** *(He/She wants)*	X/H:Ew **ni**meêtê/nimêtê C: Ew **ni**megîtê KK/C: Ew **ni**meêtê H: Eü **ni**meytê *(Kakeven)* K: Ew **ni**mêwêtê *(He/She **doesn't** want)*
	X/H:Îme **meêtimin** C: Îme **megîman** KK/C/H: Îme **meêman** K: Îme **mêwêman** *(We want)*	X/H:Îme **ni**meêtimin C: Îme **ni**megîman KK/C/H: Îme **ni**meêman K: Îme **ni**mêwêman *(We **don't** want)*
	X/H:Hume **meêtînan** C: Hume **megîtan** KK/C/H: Hume **meêtan** K: Hume **mêwêtan** *(You want)*	X/H:Hume **ni**meêtînan C: Hume **ni**megîtan KK/C/H: Hume **ni**meêtan K: Hume **ni**mêwêtan *(You **don't** want)*
	X/H:Ewan **meêtin** X/C: Ewan **megîn** C/H: Ewan **meên** K: Ewan **mêwên** *(They want)*	X/H:Ewan **ni**meêtin X/C: Ewan **ni**megîn C/H: Ewan **ni**meên K: Ewan **ni**mêwên *(They **don't** want)*

Modal verbs in the Present tense

Modal verb	Conjugation	Negation
	me + verb stem + P. E.	nime + Verb stem + P. E.
tonistin **tünistin** **tuwnistin** *(can, able to)* verb stem -tün- -tun- -twan-	X: Mi **met**û**n**im B/H/C: Mi **met**ün**im** K: Mi **met**wan**im** *(I can)*	X: Mi ni**met**ûn**im** B/H/C: Mi ni**met**ün**im** K: Mi ni**met**wan**im** *(I can't)*
	X: Tu **met**ün**î**t B/H/C: Tu **met**ün**î**n K: Tu **met**wan**î** *(You can)*	X: Tu ni**met**ün**î**t B/H/C: Tu ni**met**ün**î**n K: Tu ni**met**wan**î** *(You can't)*
	X: Ew **met**ûn**ê** B/H/C: Eü/Ew **met**ün**ê** K: Ew **met**wan**ê** *(He/She can)*	X: Ew ni**met**ûn**ê** B/H/C: Ew ni**met**ün**ê** K: Ew ni**met**wan**ê** *(He/She can't)*
	X: Hîme **met**ûn**îm**in B/H/C: Îme **met**ün**îm**in K: Îme **met**wan**îm**in *(We can)*	X: Hîme ni**met**ûn**îm**in B/H/C: Îme ni**met**ün**îm**in K: Îme ni**met**wan**îm**in *(We can't)*
	X: Hume **met**ûn**în**an H/C: Hume **met**ün**în**an K: Hume **met**wan**în**an *(You can)*	X: Hume ni**met**ûn**în**an H/C: Hume ni**met**ün**în**an K: Hume ni**met**wan**în**an *(You can't)*
	X: Awan **met**ûn**in** H/C: Ewan **met**ün**in** K: Ewan **met**wan**im** *(They can)*	X: Awan ni**met**ûn**in** H/C: Ewan ni**met**ün**in** K: Ewan ni**met**wan**im** *(They can't)*

Modal verbs in the Present tense | 35

baye *(must, have to)* remains unchanged	
Conjugation *(K/QS)*	**Negation**
X/H: Min bas *(Kakeven)* KK: Mi mê/bayed C/H: Min bayed B/H/K: Mi bad K: Mi ba/baye 　Mi mê/mêwê *(I must/have to)*	X/H: Min **ne**bas KK: Mi **ne**bayed C: Min **ne**bayed B/H/K: Mi **ne**bad K: Mi **ne**ba/**ne**baye 　Mi mê/mêwê *(no negation)* *(I must **not**)*
Tu bas/bad/baye/bayed *(You must/have to)*	Tu **ne**bas/**ne**bad/**ne**baye/**ne**bayed *(You must **not**)*
Ew bas/bad/baye/bayed *(He/She/It must/have to)*	Ew **ne**bas/**ne**bad/**ne**baye/**ne**bayed *(He/She/It must **not**)*
Îme bas/bad/baye/bayed *(We must/have to)*	Îme **ne**bas/**ne**bad/**ne**baye/**ne**bayed *(We must **not**)*
Hume bas/bad/baye/bayed *(You must/have to)*	Hume **ne**bas/**ne**bad/**ne**baye/**ne**bayed *(You must **not**)*
Ewan bas/bad/baye/bayed *(They must/have to)*	Ewan **ne**bas/**ne**bad/**ne**baye/**ne**bayed *(They must **not**)*

💡 When *conjugating/negating* „**bas/bad/baye/bayed**" a main verb is obligatory. This means that one can **not** simply say: „*I must/should not*". e.g. a main verb: çîên/çün *(to go)*

Subjunctive mood with modal verbs in the Present

Conjugation:	bas & „bi" + Present Stem + Personal ending
Negation:	nebas & „bi" + Present Stem + Personal ending

Conjugation	Negation
X/H: Min bas **biçim**. KK/C/H: Min bayed **biçim**. B/H/K: Mi bad **biçim**. K: Mi ba/baye/mêwê **biçim**. KK/K: Mi mê **biçim**. *(I must/have to go.)*	X/H: Min **ne**bas **biçim**. KK/C/H: Min **ne**bayed **biçim**. B/H/K: Mi **ne**bad **biçim**. K: Mi **ne**ba/**ne**baye **biçim**. Mi mê/mêwê **ne**çim. *(I must **not** go.)*
X: Te bas **biçît**. C/H: Tu bayed **biçîn**. H/K: Tü bad **biçîn**. K: Tu ba/baye **biçîn**. Tu mê/mêwê **biçîn**. *(You must/have to go.)*	X: Te **ne**bas **biçît**. KK/C/H: Tu **ne**bayed **biçîn**. H/K: Tü **ne**bad **biçîn**. K: Tu **ne**ba/**ne**baye **biçîn**. Tu mê/mêwê **ne**çîn. *(You must not go.)*
X: Ew bas **biçê**. C/H: Ew/Eü bayed **biçû**. H/K: Eü/Ew bad **biçû**. K: Ew ba/baye **biçû**. Ew mê/mêwê **biçû**. *(He/She/It must/have to go.)*	X: Ew **ne**bas **biçê**. KK/C/H: Ew/Eü **ne**bayed **biçû**. H/K: Eü/Ew **ne**bad **biçû**. K: Ew **ne**ba/**ne**baye **biçû**. Ew mê/mêwê **ne**çû. *(He/She/It must **not** go.)*
X: Hîme bas **biçîmin**. C/H: Îme bayed **biçîmin**. H/K: Îme bad **biçîmin**. K: Îme ba/baye **biçîmin**. Îme mê/mêwê **biçîmin**. *(We must/have to go.)*	X: Hîme **ne**bas **biçîmin**. KK/C/H: Îme **ne**bayed **biçîmin**. H/K: Îme **ne**bad **biçîmin**. K: Îme **ne**ba/**ne**baye **biçîmin**. Îme mê/mêwê **ne**çîmin. *(We must **not** go.)*
X: Home bas **biçînân**. C/H: Hüme bayed **biçînan**. H/K: Hume bad **biçînan**.	X: Home **ne**bas **biçînân**. KK/C/H: Hüme **ne**bayed **biçînan**. H/K: Hume **ne**bad **biçînan**.

Subjunctive mood with modal verbs in the Present

K: Hume ba/baye **biçîmin**. Hume mê/mêwê **biçîmin**. *(You must/have to go.)*	K: Hume neba/nebaye **biçîmin**. Hume mê/mêwê **neçîmin**. *(You must **not** go.)*
X: Ewan bas **biçin**. C/H: Ewan bayed **biçin**. H/K: Ewan bad **biçin**. K: Ewan ba/baye **biçin**. Ewan mê/mêwê **biçin**. *(They must/have to go.)*	X: Ewan nebas **biçin**. KK/C/H: Ewan nebayed **biçin**. H/K: Ewan nebad **biçin**. K: Ewan neba/nebaye **biçin**. Ewan mê/mêwê **neçin**. *(They must not go.)*

Conjugation: me tûn- + P. E. & „bi" + Present Stem + Personal ending

Negation: nimetûn- + P. E. & „bi" + Present Stem + Personal ending

Conjugation	Negation
X/B: Mi **metûnim/metunim biçim**. C: Mi **metünim/metüwnim biçim**. KK/H: Mi **metünim biçim**. K: Min **metwanim biçim**. *(I can go.)*	X: Min **nimetûnim biçim**. C: Mi **nimetünim biçim**. KK/H: Mi **nimetünim biçim**. K: Min **nimetwanim biçim**. *(I can't go.)*
X: Te **metûnît biçît**. B: Tu **metunîn/metünîn biçîn**. C/H: Tu/Tü **metünîn biçîn**. K: Tu **metwanî biçîn**. *(You can go.)*	X: Te **nimetûnît biçît**. B: Tu **nimetunîn biçîn**. C/H: Tu/Tü **nimetünîn biçîn**. K: Tu **nimetwanî biçîn**. *(You can't go.)*
X: Ew **metûnê biçê**. B/KK/C/H: Ew/Eü **metünê biçû**. K: Ew **metwanê biçû**. *(He/She/It can go.)*	X: Ew **nimetûnê biçê**. KK/C/H: Ew/Eü **nimetünê biçû**. K: Ew **nimetwanê biçû**. *(He/She/It can't go.)*
X: Hîme **metûnîmin biçîmin**. C/H: Îme **metünîmin biçîmin**. K: Îme **metwanîmin biçîmin**. *(We can go.)*	X: Hîme **nimetûnîmin biçîmin**. C/H: Îme **nimetünîmin bêrîmin**. K: Îme **nimetwanîmin biçîmin**. *(We can't go.)*
X: Home **metûnînan biçînân**. B: Hame **metunînan biçînan**. C/H: Hüme **metünînan biçînan**. K: Hume **metwanînan biçînan**. *(You can go.)*	X: Home **nimetûnînan biçînân**. B: Hame **nimetunînan biçînan**. C/H: Hüme **nimetünînan biçînan**. K: Hume **nimetwanînan biçînan**. *(You can't go.)*

Subjunctive mood with modal verbs in the Present — 38

X: Ewan **metûnin biçin**. C/H: Ewan **metünin biçin**. K: Ewan **metwanin biçin**. *(They can go.)*	X: Ewan **nimetûnin biçin**. C/H: Ewan **nimetünin biçin**. K: Ewan **nimetwanin biçin**. *(They can't go.)*

Conjugation: me‑êt‑ + P. E. & „bi" + Present Stem + Personal ending
Negation: nimeêt‑ + P. E. & „bi" + Present Stem + Personal ending

Conjugation	Negation
X/H/B: Mi **meêtim (mêtim) biçim**. KK: Mi **mêm/meêm biçim**. C: Min **megîm/meêm biçim**. K: Min **mêwêm biçim**. *(I want to go.)*	X/H: Min **nimeêtim/nimêtim biçim**. KK: Mi **nemêm/nimeêm biçim**. C: Min **nimegîm/nimeêm biçim**. K: Min **nimêwêm biçim**. *(I don't want to go.)*
X: Te **mêtit biçît**. C: Tu **megît/meêt biçîn**. H: Tü **mêtîn biçîn**. K: Tu **mêwêt biçîn**. *(You want to go.)*	X: Te **nimêtît biçît**. C: Tu **nimegît/nimeêt biçîn**. H: Tü **nimêtîn biçîn**. K: Tu **nimêwêt biçîn**. *(You don't want to go.)*
X: Ew **mêtê biçê**. C: Ew **megîtê/meêtê biçû**. KK/H/B: Ew/Eü **mêtê/mêtê biçû**. K: Îme **mêwêman biçîmin**. *(He/She/It wants to go.)*	X: Ew **nimêtê biçê**. C: Ew **nimegîtê/nimeêtê biçû**. KK/H: Ew/Eü **nimêtê biçû**. K: Ew **nimêwêtê biçû**. *(He/She/It doesn't want to go.)*
X/H: Hîme/Îme **mêtîmin biçîmin**. C: Îme **megîman/meêman biçîmin**. K: Ew **mêwêtê biçû**. *(We want to go.)*	X/H: (H)îme **nimêtîmin biçîmin**. C: Îme **nimegîman biçîmin**. K: Îme **nimêwêman biçîmin**. *(We don't want to go.)*
X: Hume **mêtînan biçînân**. C: Hüme **megîtan/meêtan biçînan**. K: Hume **mêwêtan biçînan**. *(You want to go.)*	X: Hume **nimêtînan biçînân**. C: Hüme **nimegîtan biçînan**. K: Hume **nimêwêtan biçînan**. *(You don't want to go.)*
X/H: Ewan **mêtin biçin**. C: Ewan **megîan/meêyan biçin**. K: Ewan **mêwêan biçin**. *(They want to go.)*	X/H: Ewan **nimêtin biçin** C: Ewan **nimegîan/nimeêyan biçin**. K: Ewan **nimêwêan biçin**. *(They don't want to go.)*

Modal verbs in the Past tense

Conjugation: bayed & „bi" + Present/Past Stem + Personal ending
Negation: nebayed & „bi" + Present/Past Stem + Personal ending

Conjugation	Negation
X: Min bas **biçîyam**. Min neçar/gerek **wîm biçim**. KK: Mi megista **biçîm**. C: Min bayed **biçîyam**. C/H: Min mejbûr **wîm biçim**. K: Min baye/bad **biçüyam**. Min **mê(wê) biçüyam**. Min **naçar wüm biçim**. Min ve girek**im wü biçim**. Mi **labit wîm biçim**. *(Uław Qewa)* *(I had to go./I should have gone.)*	X: Min **ne**bas **biçîyam**. Min neçar/gerek **newîm biçim**. C: Min **ne**bayed **biçîyam**. C/H: Min mejbûr **newîm biçim**. K: Min **ne**baye/**ne**bad **biçüyam**. Min **mê(wê) neçüyam**. Min **naçar** **ne**wüm **biçim**. Min ve girek**im ne**wü **biçim**. Mi **labit ne**wîm **biçim**. *(I hadn't go/shouldn't have gone.)*
X: Te bas **biçîyayt**. KK: Tü megista **biçîn**. C: Tu bayed **biçîyayn**. K: Tu baye/bad **biçüyayn**. Tu mê **biçüyayn**. *(You had to go.)*	X: Te **ne**bas **biçîyayt**. KK: Tü **ne**megista **biçîn**. C: Tu **ne**bayed **biçîyayn**. K: Tu **ne**bad **biçüyayn**. Tu mê **neçüyayn**. *(You had didn't have to go.)*
X: Ew bas **biçîya**. KK: Ew megista **biçû**. C: Ew bayed **biçîya**. K: Ew baye/bad **biçüya**. Ew mê **biçüya**. *(He/She/It had to go.)*	X: Ew **ne**bas **biçîya**. KK: Ew **ne**megista **biçû**. C: Ew **ne**bayed **biçîya**. K: Ew **ne**bad **biçüya**. Ew mê **neçüya**. *(He/She/It didn't have to go.)*
X: Hîme bas **biçîyaymin**. C: Îme bayed **biçîyaymin**. K: Îme baye/bad **biçüyaymin**. Îme mê **biçüyaymin**. *(We had to go.)*	X: Hîme **ne**bas **biçîyaymin**. C: Îme **ne**bayed **biçîyaymin**. K: Îme **ne**bad **biçüyaymin**. Îme mê **neçüyaymin**. *(We didn't have to go.)*

Modal verbs in the Past tense — 40

X: Home bas **biçîyaynân**.
KK: Hume megista **biçînan**.
C: Hüme bayed **biçîyaynan**.
K: Hume baye/bad **biçüyaynan**.
  Hume mê **biçüyaynan**.
(You had to go.)
	X: Home **ne**bas **biçîyaynân**.
	KK: Hume **ne**megista **biçînan**.
	C: Hüme **ne**bayed **biçîyaynan**.
	K: Hume **ne**bad **biçüyaynan**.
	  Hume mê **ne**çüyaynan.
	(You didn't have to go.)

X: Ewan bas **biçîyan**.
C: Awan bayed **biçîyan**.
K: Ewan baye/bad **biçüyan**.
  Ewan mê **biçüyan**.
(They had to go.)
	X: Ewan **ne**bas **biçîyan**.
	C: Awan **ne**bayed **biçîyan**.
	K: Ewan **ne**bad **biçüyan**.
	  Ewan mê **ne**çüyan.
	(They didn't have to go.)

Conjugation: tünist- + P. E. & „**bi**" + Present Stem + Personal ending
Negation: **ne**tünist- + P. E. & „**bi**" + Present Stem + Personal ending

Conjugation	Negation

X: Min tonist**im** biç**im**.
KK: Mi tünit**im** biç**im**.
C/H: Min tünist**im** biç**im**.
K: Min tuwnist**im**/tonist**im** biç**im**.
  Min **me**tuwnist**im** biç**im**.
(I could go.)
	X: Min **ne**tonist**im** biç**im**.
	KK: Mi **ne**tünit**im** biç**im**.
	C/H: Min **ne**tünist**im** biç**im**.
	K: Min **ne**tuwnist**im** biç**im**.
	  Min ni**me**tuwnist**im** biç**im**.
	(I couldn't go.)

X: Te tonist**ît** biç**ît**. KK/C/H: Tu tünit**it**/tünist**it** biç**în**. K: Tu tuwnist**it**/tonist**it** biç**în**. *(You could go.)*	X: Te **ne**tonist**ît** biç**ît**. C/H: Tu **ne**tünist**it** biç**în**. K: Tu **ne**tuwnist**it** biç**în**. *(You couldn't go.)*
X: Ew tonist biç**ê**. KK/C: Ew tünit/tünist biç**û**. K: Ew tuwnist**ê**/tonist**ê** biç**û**. *(He/She/It could go.)*	X: Ew **ne**tonist biç**ê**. KK/C: Ew **ne**tünit/**ne**tünist biç**û**. K: Ew **ne**tuwnist**ê** biç**û**. *(He/She/It couldn't go.)*
KK: Îme tünit**im** biç**im**. C/H: Îme tünist**man** biç**îmin**. K: Îme tuwnist**man** biç**îmin**. *(We could go.)*	KK: Îme **ne**tünit**im** biç**im**. C/H: Îme **ne**tünist**man** biç**îmin**. K: Îme **ne**tuwnist**man** biç**îmin**. *(We couldn't go.)*

Modal verbs in the Past tense 41

X: Home tonist**înân** biçînân. C/H: Hüme tünist**tan** biçinan. K: Hume tuwnist**an** biçînan. *(You could go.)*	X: Home **ne**tonist**înân** biçînân. C/H: Hüme **ne**tünist**tan** biçinan. K: Hume **ne**tuwnist**an** biçînan. *(You couldn't go.)*
X: Ewan tonist**in** biçin. KK/C: Ewan tünit**an**/tünist**an** biçin. K: Ewan tuwnist**an** biçin. *(They could go.)*	X: Ewan **ne**tonist**in** biçin. C/H: Ewan **ne**tünist**an** biçin. K: Ewan **ne**tuwnist**an** biçin. *(They couldn't go.)*

Conjugation: gist- + P. E. & „bi" + Present Stem + Personal ending
Negation: negist- + P. E. & „bi" + Present Stem + Personal ending

Conjugation	Negation
X: Min wast**im** biç**im**. KK/C/H/K: Mi gist**im** biç**im**. 　　　　　Mi **me**gist**im** biç**im**. *(I wanted to go.)*	X: Min **ne**wast**im** biç**im**. KK/C/H/K: Mi **ne**gist**im** biç**im**. 　　　　　Mi ni**me**gist**im** biç**im**. *(I didn't want to go.)*
X: Te wast**ît** biç**ît**. KK/C/H/K: Tu **me**gist**it**/gist**it** biç**în**. *(You wanted to go.)*	X: Te **ne**wast**ît** biç**ît**. KK/C/H/K: Tu **ne**gist**it** biç**în**. *(You didn't want to go.)*
X: Ew wast biç**ê**. KK/C/H/K: Ew **me**gist/gist biç**û**. *(He/She/It wanted to go.)*	X: Ew **ne**wast biç**ê**. KK/C/H/K: Ew **ne**gist biç**û**. *(He/She/It didn't want to go.)*
X: Hîme wast**îmin** biç**îmin**. KK/C/H/K: Îme gist**man** biç**îmin**. 　　　　　Îme **me**gist**man** biç**îmin**. *(We wanted to go.)*	Hîme **ne**wast**îmin** biç**îmin**. C/H/K: Îme **ne**gist**man** biç**îmin**. 　　　　Îme ni**me**gist**man** biç**îmin**. *(We didn't want to go.)*
X: Hume wast**înân** biç**înân**. KK/C/H/K: Hume gist**tan** biç**înan**. *(You wanted to go.)*	X: Hume **ne**wast**înân** biç**înân**. C/H/K: Hume **ne**gist**tan** biç**înan**. *(You didn't want to go.)*
X: Ewan wast**in** biç**in**. KK/C/H/K: Ewan gist**an** biç**in**. *(They wanted to go.)*	X: Ewan **ne**wast**in** biç**in**. C/H/K: Ewan **ne**gist**an** biç**in**. *(They didn't want to go.)*

PAST TENSES

Personal suffixes for the intransitive verbs	Personal suffixes for the transitive verbs	Person
-(i)m	-(i)m	1st person sg.
-(î)n or -(î)t	-(i)t	2nd person sg.
no personal ending	-tê or -tî	3rd person sg.
-îmin or -îm	-man	1st person pl.
-înan, -în or -îtin (rare in Hersîn)	-tan	2nd person pl.
-in	-(y)an	3rd person pl.

Simple Past Tense

This tense expresses a one-off act in the past.

Formation of intransitive verbs with a stem ending in a vowel:		
Past stem + Personal ending		
Preverb (ne-) + Past stem + Personal ending		
Example: çîen/çün - *to go*		Verb stem: -çî-/-çü-
Conjugation	X/KK/H: Min çîm. C/H: Mi/Me çim. *(Kakeven)* K: Min çüm.	I went.
	X: Te çît. KK/C/H: Tü çîn. K: Tu çüt.	You went.
	X/KK/H: Ew/Eü çî. C: Ew/Eve çê. K: Ew çü.	He/She/It went.
	X: Hîme çîm. KK/C/H: Îme çîmin. K: Îme çüym.	We went.
	X: Home çîn. KK/C/H: Hume çînan. K: Hume çüyn/çünan.	You went.
	X/KK/H: Awan/Ewan çîn.	They went.

PAST TENSES 43

	C: Ewan ç**in**. K: Ewan çü**n**.	
Negation **ne** - *not*	X/KK/H: Min **ne**çîm. C/H: Mi/Me **ne**çim. K: Min **ne**çüm.	I didn't go.
	X: Te **ne**çît. KK/C/H: Tü **ne**çîn. K: Tu **ne**çüt.	You didn't go.
	X/KK/H: Ew **ne**çî. C: Ew/Eve **ne**çê. K: Ew **ne**çü.	He/She/It didn't go.
	X: Hîme **ne**çîm. KK/C/H: Îme **ne**çîmin. K: Îme **ne**çüyn.	We didn't go.
	X: Home **ne**çîn. KK/C/H: Hume **ne**çînan. K: Hume **ne**çüyn.	You didn't go.
	X/KK/H: Ewan **ne**çîn. C: Ewan **ne**çin. K: Ewan **ne**çün.	They didn't go.
Interrogative can be formed with or without „**aya**"	Min çîm?	Did I come?
	Tu çîn?	Did you come?
	Ew çî?	Did he/she/it come?
	Îme çîmin?	Did we come?
	Hume çînan?	Did you come?
	Ewan çîn?	Did they come?
Interrogative + Negation can be formed with or without „**aya**"	Min neçîm?	Did I not come?
	Tu neçîn?	Did you not come?
	Ew neçî?	Did he/she/it not come?
	Îme neçîmin?	Did we not come?

PAST TENSES

	Hume neçînan?	Did you not come?
	Ewan neçîn?	Did they not come?

Formation of intransitive verbs with a stem ending in a consonant:		
Past stem + Personal ending		
Preverb (**ne**-) + Past stem + Personal ending		
Example: **hatin** - *to come*		Verb stem: -**hat**-
Conjugation intransitive verb	Min hat**im**/het**im**.	I came.
	Tu hat**în**.	You came.
	Ew hat.	He/She/It came.
	Îme hat**îmin**.	We came.
	Hume hat**înan**.	You came.
	Ewan hat**in**.	They came.
Negation **ne** - *not*	Min **ne**hat**im**.	I did **not** come.
	Tu **ne**hat**în**.	You did **not** come.
	Ew **ne**hat.	He/She/It did **not** come.
	Îme **ne**hat**îmin**.	We did **not** come.
	Hume **ne**hat**înan**.	You did **not** come.
	Ewan **ne**hat**in**.	They did **not** come.

Formation of transitive verbs:		
Past stem + Personal endings		
Preverb (**ne**-) + Past stem + Personal endings		
Example: **dîn/dünîn** - *to see*		Verb stem: -**dî**-/-**yî**-
Conjugation **without** **object**	X/C/H/K: Min **dîm**.	I saw.
	X/C/H/K: Te/Tu/Tü **dît**.	You saw.
	X/C/K: Ew **dî**.	He/She/It saw.
	C/H/K: Ew **dîtê**.	
	X/K: Hîme/Îme **dîmin**.	We saw.

PAST TENSES

	C/H/K: Îme **dî**man.	
	X/K: Home **dî**nân. C/H/K: Hume **dî**tan.	You saw.
	X: Awan **dî**n. C/H/K: Ewane **dî**yan.	They saw.
Negation **ne** - *not*	X: Min **nî**m. C/H/K: Min **ney**îm. K: Min **ned**îm.	I didn't see
	X: Te **nî**t. C/H/K: Tu **ney**ît. K: Tu **ned**ît.	You didn't see
	X: Ew **nî**. C/H/K: Ew **ney**îtê. H/K: Eü/Ew **ney**î. K: Ew **ned**îtê.	He/She/It didn't see
	X: Hîme **nî**min. C/H: Îme **ney**îman. K: Îme **ned**îmin/**ney**îmin.	We didn't see
	X: Home **nî**nân. C/H/K: Hume **ney**îtan. K: Hume **ned**îtan.	You didn't see
	X: Awan **nî**n. C/H/K: Ewan **ney**îyan. K: Ewan **ned**îan.	They didn't see

💡 A personal pronoun is not obligatory.
Min dîm = Dîm = *I saw.*   Min neyîm = Neyîm = ***I didn't see.***

More Examples of the Simple Past tense

Conjugation **with object**	X: Min dîmet/**te** dîm. KK: Min tu**ne**m dî. C: Min tu**we**m dî. H: Mi **tü** dîm. K: Min tu**m** dî.	I saw you.

PAST TENSES

X: Min dîmêy/**ew** dîm. C: Min ewe**m** dî. H: Mi e**ü** dîm. KK/K: Min ew**im** dî.	I saw him/her/it.
X: Min dîmîan/ewan dî**m**. KK/C: Min ewane**m** dî. H: Mi ewan dî**m**. K: Min ewan**im** dî.	I saw them.
X: Te dî**tim**/**min** dît. C: Tu mine**t** dî. H: Tü **mi** dît. KK/K: Tu min**it** dî.	You saw me.
X: Hîme dîm**anyan**/**ewan** dî**man**. C: Îme ewane**man** dî. H: Îme ewan dî**man**. KK/K: Îme ewan**man** dî.	We saw them.

💡 First, the personal suffix is attached to the verb and then the object suffix *(pronominal object)* is added.

Formation of separable compound verbs with affixes -a/-e/-eve:
C: Past stem + Personal ending + -**eve**
H/K: Past stem + Personal ending + -**a**
K: **a** + Past stem + Personal ending
C: Preverb (**ne**-) + Past stem + Personal ending + - **eve**
H/K: Preverb (**ne**-) + Past stem + Personal ending + -**a**
K: **a** + Preverb (**ne**-) + Past stem + Personal ending

Example: **ehatinev - *to return/come back***	Verb stem: -**hat-eve**
ehatin/ahatin - *to return*	Verb stem: -**hat-a**

Conjugation intransitive verb	C: Min hat**im**eve/hat**im**e. KK/K: Mi het**im**a. *(Uław Qewa)* H: Min hat**im**a. K: Min ahat**im**. *(Êwetiyen)*	I returned. I came back.
	C: Tu hat**îne**ve/hat**îne**.	You returned.

PAST TENSES

	KK/H/K: Tu hat**î**na/het**î**na. K: Tu a**h**at**î**n.	
	C: Ew hat**eve**/hate. KK/H/K: Eü hata/heta. K: Ew ahat.	He/She/It returned.
	C: Îme hat**îmin**eve. Îme hat**îmin**e. H/K: Îme hat**îmin**a. K: Îme ahat**îmin**.	We returned.
	C: Hume hat**înan**eve. Hume hat**înan**e. H/K: Hume hat**înan**a. K: Hume ahat**înan**.	You returned.
	C: Ewan hat**in**eve/hat**in**e. KK/H/K: Ewan hat**in**a/het**in**a. K: Ewan ahat**in**.	They returned.
Negation **ne** - *not*	C: Min **ne**hatim**eve**. Min **ne**hatim**e**. H/K: Min **ne**hatima. K: Min a**ne**hatim.	I did **not** return.
	C: Tu **ne**hat**î**n**eve**. Tu **ne**hatim**e**. H/K: Tu **ne**hat**î**na. K: Tu a**ne**hat**î**n.	You did **not** return.
	C: Ew **ne**hatiy**eve**. Ew **ne**hate. H/K: Eü **ne**hatiya/**ne**heta. K: Ew a**ne**hatê/a**ne**hat.	He/She/It did **not** return.
	C: Îme **ne**hat**îmin**eve. Îme **ne**hat**îmin**e. H/K: Îme **ne**hat**îmin**a. K: Îme a**ne**hat**îmin**.	We did **not** return.

PAST TENSES 48

	C: Hume **ne**hatî**nan**eve. Hume **ne**hatî**nan**e. H/K: Hume **ne**hatî**nan**a. K: Hume a**ne**hatînan.	You did **not** return.
	C: Ewan **ne**hatineve. Ewan **ne**hatime. H/K: Ewan **ne**hatina. K: Ewan a**ne**hatin.	They did **not** return.

Formation of separable compound verbs with affixes -a/-e /-eve:
C: Past stem + Personal ending + **-eve/-e**
X: Past stem + Personal ending + **-a**
C: **a-** + Personal ending + Past stem
C/H: Preverb (**ne-**) + Past stem + Personal ending + **-eve/-a**
K: **a-** + Personal ending + Preverb (**ne-**) + Past stem

Example: akirdin/edanev - *to open*	Verb stem: **a-kird-/da-eve**		
Conjugation transitive verb **Kakevenî:** **adan** : *to open*	C: Min da**m**eve./da**m**e. H: Min kird**im**a. *(Êvetiyen)* 　Min da**m**a. *(Kakeven)* K: Min a**m**kird/kird**m**a.		I opened.
^	C: Tu da**t**eve. H: Tu kird**it**a. K: Tu a**t**kird.		You opened.
^	C: Ew da**y**eve. H: Ewe kird**îy**a. K: Ew a**kirîy**a/a**kirdiy**a.		He/She/It opened.
^	C: Îme da**man**eve. H: Îme kird**man**a. K: Îme a**man**kird.		We opened.
^	C: Hume da**tan**eve. H: Hume kird**tan**a. K: Hume a**tan**kird.		You opened.

PAST TENSES

	C: Ewane **da**y**an**eve. H: Ewene/Ewan kird**ana**. K: Ewan a**n**kird.	They opened.
Negation **ne** – *not* ni + da → niya	C: Min **niyam**eve. H: Min **ne**kirdi**ma**. K: Min am**ne**kird.	I did not open.
	C: Tu **niyat**eve. H: Tu **ne**kirdi**ta**. K: Tu at**ne**kird.	You did not open.
	C: Ew **niyay**eve. H: Ewe **ne**kird**îya**. K: Ew a**ne**kirîya/a**ne**kirdiya.	He/She didn't open.
	C: Îme **niyaman**eve. H: Îme **ne**kird**mana**. K: Ême aman**ne**kird.	We did not open.
	C: Hume **niyatan**eve. H: Hume **ne**kird**tana**. K: Hume atan**ne**kird.	You did not open.
	C: Ewane **niyayan**eve. H: Ewene **ne**kird**yana**. K: Ewan an**ne**kird.	They did not open.

Formation of compound verbs:	
Past stem + Personal ending Preverb (**ne**-) + Past stem + Personal ending	
Example: **vaz/waz kirdin** - *to open*	Verb stem: **vaz** -**kird**-
Conjugation transitive verb	X: Min waz**im** kird. C/H/K: Min vaz**im** kird.	I opened.
	X: Te waz**it** kird. C/H/K: Tu vaz**it** kird.	You opened.
	X: Ew waz kird. C/H/K: Ew vaz kird**î**.	He/She/It opened.
	X: Hîme waz**mân** kird. C/H/K: Îme vaz**man** kird.	We opened.

PAST TENSES | 50

	X: Home waz**tân** kird. C/H/K: Hume vaz**tan** kird.	You opened.
	X: Awan waz**yân** kird. C/H/K: Ewane vaz**an** kird.	They opened.
Negation **ne** - *not*	Min waz**im**/vaz**im ne**kird.	I did not open.
	X: Te waz**it ne**kird. C/H/K: Tu vaz**it ne**kird.	You did not open.
	X: Ew waz **ne**kird. C/H/K: Ew vaz **ne**kirdî.	He/She did not open.
	X: Hîme waz**mân ne**kird. C/H/K: Îme vaz**man ne**kird.	We did not open.
	Hume waz**tan**/vaz**tan ne**kird.	You did not open.
	X: Awan waz**yân ne**kird. C/H/K: Ewane vaz**an ne**kird.	They did not open.

More Examples

Conjugation
 	
with object
 	
door = der,
derga
some = biřî,
qêrêk, çen
gile, hênî
 	
to open =
vaz kirdin,
adan,
	X: Min der**ê**kim waz kird.
	KK: Min der**ê**kim kirda.
	C: Min derm**ê da**ve/vaz kird.
	H: Min derm**ê da**wa/kird**a**. *(Kakeven)*
	  Mi derm**ê** vaz kird. *(Kakeven)*
	  Mi der**î** kird**m**a/vaz kird**im**. *(Êvetiyen)*
	K: Mi yek derga**m a**kird/vaz kird.
		I
		opened
		a door.

	X: Min dere waz**im** kird. KK/C: Min derem kirda/**da**ve/vaz kird. H: Mi derem kird**a**/daw**a**/vaz kird. *(Kakeven)* Mi dere kird**m**a/vaz kird**im**. K: Mi dere/derga**ke a**kird/vaz**im** kird.	I opened **the** door.

	X: Min der**el** waz**im** kird.
	C: Min derel**mê da**ve/vaz kird.
	H: Mi dir**ily**em/dir**êl**em dawa. *(Kakeven)*
	  Mi dir**el**mê/der**el**mê kird**a**. *(Kakeven)*
	  Mi dir**ilye** kird**m**a/vaz kird**im**. *(Êvetiyen)*
	K: Mi derga**el**m **a**kird/vaz kird.
		I
		opened
		door**s**.

PAST TENSES | **51**

edanev, akirdin	KK: Min der**elem** kirda.
	C: Min der**elem da**ve/vaz kird.
	H: Min der**ilye**me dawa. *(Kakeven)*
	    Mi der**elem** kird**a**/vaz kird. *(Kakeven)*
	    Mi di**rilye** kird**m**a/vaz kird**im**. *(Êvetiyen)*
	K: Mi derga**kele a**mkird/va**zim** kird.
		I opened the doors.

	X: Min **qêrêk** dere wa**zim** kird. C: Min **çen gile** der**im da**ve/vaz kird. H: Mi **çen** der**im**/der**em** dawa/kird**a**. *(Kakeven)* Mi **çen** der kird**m**a/vaz kird**im**. K: Mi **hênî/biřî/çend** ej derga**elem** akird/vaz kird.	I opened some doors.
	X: Min **êy** dere wa**zim** kird. KK: Min **ê** der**em** kirda. C: Min **ê** der**me da**ve/vaz kird. H: Min **î/ê** der**me** dawa/kirda. *(Kakeven)* Mi **î** dere kird**m**a/vaz kird**im**. K: Mi **î** derga**me a**kird/vaz kird.	I opened this door.
	X: Min **ew** dere wa**zim** kird. KK: Min **e** der**em** kirda. C: Min **e** der**me da**ve/vaz kird. H: Min **e** der**me** dawa/kirda. *(Kakeven)* Mi **e** dere kird**m**a/vaz kird**im**. *(Êvetiyen)* K: Mi **ew** derga**me a**kird/vaz kird.	I opened that door.
	X: Min **êy** der**ele** wa**zim** kird. KK: Min **ê** der**ele**m kirda. C: Min **ê** der**elme da**ve/vaz kird. H: Mi **î/ê** der**eyl**me/der**elme** dawa/kirda. Mi **î** di**rele** kird**m**a/vaz kird**im**. K: Mi **î** derga**kelme a**kird/vaz kird.	I opened these doors.
	X: Min **ew** der**ele** wa**zim** kird. KK: Min **e** der**ele**m kirda. C: Min **e** der**elme da**ve/vaz kird. H: Mi **e** der**eyl**me dawa/kirda. *(Kakeven)* Mi **e** di**rele** kird**m**a/vaz kird**im**. *(Êvetiyen)* K: Mi **ew** derga**kelme a**kird/vaz kird.	I opened those doors.

PAST TENSES | 52

X: Min wazî kirdim. C: Min **ewme da**ve/vaz kird. H: Min yeme/evme dawa/kirda. *(Kakeven)* 　Mi **ye** kirdma/vazî kirdim. *(Êvetiyen)* K: Mi **ye**me **a**kird/vaz kird.	I opened **it**.
X: Min waz**yan** kirdim. KK: Min ewn**el**im kirda. C: Min **ewane**me **da**ve/vaz kird. H: Min ewênme/evnelme dawa/kirda. 　Mi **ewane** kirdma/vaz**an** kirdim. K: Mi ewênme **a**kird/vaz kird.	I opened **them**.

Comparison of Present and Past tenses (Ergativity)

When a transitive verb is used in the past with an object, the personal suffix is not attached to the verb but to the object. The particle -e is attached to the objects in the present tense.

Present Tense	Past Tense
Min **ewe** mewînim. *I see him/her.*	Min **ew**im dî. *I saw him/her/it.*
Min **Sasan**e mewînim. *I see Sasan.*	Min Sasanim dî. *I saw Sasan. (a male name)*
Ew min**e** mewînê. *He/She sees me.*	Ew **min** dîtê. *(exception)* *He/She saw me.*
Sasan **min** mewînê. *Sasan sees me.*	Sasan **min** dîtê. *(exception)* *Sasan saw me. (a male name)*
Min **îme** mewînim. *I see us.*	Min îmem dî. *I saw us.*
Îme **tue** mewînîmin. *We see you.*	Îme tu**man** dî. *We saw you.*
Min **hume** mewînim. *I see you (2. person plural).*	Min humem dî. *I saw you (plural).*
Ewan min**e** mewînin. *They see me.*	Ewan min**an** dî. *They saw me.*

Past Progressive Tense

The Lekî past progressive tense expresses events in the past, which lasted for a long period of time or reoccurred regularly.

Formation of intransitive verbs:		
Preverb (**me**-) + Past stem + -(**i**)**ya**- + Personal ending Preverb (**ni**-) + Preverb (**me**-) + Past stem + -(**i**)**ya**- + Personal ending		
Example: **çîên** - *to go* **hatin** - *to come*		Verb stem: -**çî**- Verb stem: -**hat**-
Conjugation	X/C/H/K: Mi (daştim) **meçîyam**. KK/H: Mi **meçîyam**. K: Min **meçüm**.	I was going. (repeatedly or last for a long period of time)
	X: Te (daştît) **meçîyayt**. C/K: Tü (daştit) **meçîyayn**. H: Tü **meçîyayn**. K: Tu **meçüt**.	You were going.
	X/C/K: Ew (daşt) **meçîya**. H: Eü **meçîya**. K: Ew **meçü**.	He/She/It was going.
	X: Hîme (daştîmin) **meçîyaymin**. C/K: Îme (daştman) **meçîyaymin**. H: Îme **meçîyaymin**. K: Îme **meçümin/meçüym**.	We were going.
	X: Home (daştînân) **meçîyaynân**. C: Hume (daşttan) **meçîyaynan**. H: Hume **meçîyaynan**. K: Hûme **meçünan/meçüyn**.	You were going.
	X: Awan (daştin) **meçîyan**. C/K: Ewan (daştan) **meçîyan**. H: Ewan **meçîyan**. K: Ewan **meçün**.	They were going.
Negation	X: Min (niyaştim) **meçîyam**. Min ni**meçîyam**. C/H: Min ni**meçîyam**.	I was not going.

PAST TENSES | 54

ne - *not*	K: Min ni**me**çü**m**.	
	X: Te ni**me**çîya**yt**. C/H: Tü ni**me**çîya**yn**. K: Tu ni**me**çü**t**.	You weren't going.
	X/C/H: Ew ne**me**çîya. K: Ew ni**me**çü.	He/She/It wasn't going.
	X/C/H: Hîme/Îme ni**me**çîya**ymin**. K: Îme ni**me**çü**min**.	We weren't going.
	X/C/H: Hume ni**me**çîya**ynan**. K: Hûme ni**me**çü**nan**.	You weren't going.
	X/C/H: Awan/Ewan ni**me**çîya**n**. K: Ewan ni**me**çü**n**.	They weren't going.
Conjugation	C: Min **me**hati**m**.	I was coming.
	C/K: Min **me**hati**yam**.	
	Tu **me**hati**yayn**/**me**hati**n**.	You were coming.
	Ew **me**hati**ya**/**me**hat.	He/She was coming.
	Îme **me**hati**yaymin**/**me**hatî**min**.	We were coming.
	Hume **me**hati**yaynan**/**me**hatî**nan**.	You were coming.
	Ewan **me**hati**yan**/**me**hati**n**.	They were coming.
Negation **ne** - *not*	Min ni**me**hati**yam**/ni**me**hati**m**.	I was not coming.
	C/K: Tu ni**me**hati**yayn**. C: Tu ni**me**hatî**n**.	You weren't coming.
	C/K: Ew ni**me**hati**ya**. C: Ew ni**me**hat.	He/She/It wasn't coming.
	C/K: Îme ni**me**hati**yaymin**. C: Îme ni**me**hatî**min**.	We weren't coming.
	C/K: Hume ni**me**hati**yaynan**. C: Hume ni**me**hatî**nan**.	You weren't coming.
	C/K: Ewan ni**me**hati**yan**. C: Ewan ni**me**hati**n**.	They weren't coming.

💡 Conjugation of the verb ***daştin*** is used only in declarative sentences. e.g.: Meçîyam. = **Daştim** meçîyam. = *I was going.*

PAST TENSES | 55

Formation of transitive verbs: Preverb (**me-**) + Past stem + -(**i**)**ya**- + Personal ending Preverb (**neme-**) + Past stem + -(**i**)**ya**- + Personal ending		
Example: **dünîn** - *to see*		Verb stem: **-wîn-/-win-**
Conjugation **without object**	X/C/K: Min (daştim) me**wîn**yam. H: Mi me**win**yam.	I was seeing. (repeatedly or last for a long period of time)
	X: Te (daştît) me**wîn**yayt. C/K: Tü/Tu (daştit) me**wîn**yat. H: Tü me**win**yayn.	You were seeing.
	X: Ew (daşt) me**wîn**ya. C: Ew (daştî) me**wîn**yay. H: Eü me**win**ya. K: Ew (daştî) me**wîn**yatê.	He/She/It was seeing.
	X: Hîme (daştîmin) me**wîn**yaymin. C/K: Îme (daştman) me**wîn**yaman. H: Îme me**win**yaymin.	We were seeing.
	X: Home (daştînân) me**wîn**yaynân. C: Hume (daştan) me**wîn**yatan. H: Hume me**win**yaynan. K: Hume (daşttan) me**wîn**yatan.	You were seeing.
	X: Awan (daştin) me**wîn**yan. C/K: Ewan (daştan) me**wîn**yan. H: Ewan me**win**yan.	They were seeing.
Negation **ne/ni-** – *not* **-wîn-** or **-win-**	X/K: Min **ne**me**wîn**yam. C: Min **ne**me**wîn**yam.*(nemewîniam)* H: Mi **ne**me**win**yam.	I was **not** seeing.
	X: Te **ne**me**wîn**yayt. C/K: Tü **ne**me**wîn**yat. H: Tü **ne**me**win**yayn.	You weren't seeing.
	X: Ew **ne**me**wîn**ya. C: Eü **ne**me**wîn**yay. *(nemewîniay)* H: Eü **ne**me**win**ya. K: Ew **ne**me**wîn**yatê.	He/She wasn't seeing.

PAST TENSES

	X: Hîme **ne**me**wîny**a**ymin**. C/K: Îme **ne**me**wîny**a**man**. H: Îme **ne**me**wîny**a**ymin**.	We weren't seeing.
	X: Home **ne**me**wîny**a**ynân**. C/K: Hume **ne**me**wîny**a**tan**. H: Hume **ne**me**winy**a**ynan**.	You weren't seeing.
	X: Awan **ne**me**wîny**an. C/K: Min **ne**me**wîny**an. H: Ewan **ne**me**winy**an.	They weren't seeing.

Formation of transitive verbs with an object:		
Past stem + -**ya**- + Personal ending + pronominal object		
Preverb (**ne**-) + Past stem + -**ya**- + Personal ending + pronominal object		
Example: **dünîn** - *to see*		Verb stem: -**wîn**-
Conjugation **with object**	Mewînyamê.	I was seeing him/her/it.
	Mewînyatê.	You were seeing him/her/it.
	Mewînyatê.	He/She/It was seeing him/her/it.
	Mewînyamanê.	We were seeing him/her/it.
	Mewînyatanê.	You were seeing him/her/it.
	Mewînyanê.	They were seeing him/her/it.
Negation **ne** – *not* *No difference with or without pronouns*	Nemewînyamê.	I wasn't seeing him/her/it.
	Nemewînyatê.	You weren't seeing him/her/it.
	Nemewînyatê.	He/She/It wasn't seeing him/her/it.
	Nemewînyamanê	We weren't seeing him/her/it.
	Nemewînyatanê.	You weren't seeing him.
	Nemewînyanê.	They weren't seeing him/her/it.
Pronominal objects	Mewînyam**an**.	I was seeing them.
	Mewînyam**it**.	I was seeing you.
	Mewînyam**tan**.	I was seeing you (plural).

PAST TENSES

\multicolumn{3}{l}{**Formation of separable compound verbs with affixes -a/-e/--eve:**}
\multicolumn{3}{l}{Preverb (**me**-) + Past stem + -(**i**)**ya**- + Personal ending + -**eve**/-**a**}
\multicolumn{3}{l}{Preverb (**nime**-) + Past stem + -(**i**)**ya**- + Personal ending + -**eve**/-**a**}
Example: **ahatin/ehatinev - *to return***		Verb stem: -**hat-eve**/-**hat-a**
Conjugation intransitive verb	C: Min **me**ha**tiya**m**eve**. Min **me**ha**tim**eve. Min **me**ha**tiya**me. KK/H/K: Mi **me**ha**tiya**ma.	I was returning. I was coming back.
	C: Tu **me**ha**tiya**yn**eve**. Tu **me**ha**tîn**eve. Tu **me**ha**tiya**yne. KK/H/K: Tu **me**ha**tiya**yna.	You were returning.
	C: Ew **me**ha**tiya**ve. Ew **me**ha**te**ve. Ew **me**ha**tiya**ye. KK: Ew **me**ha**tiya**ya. H/K: Ew **me**ha**tiya**wa.	He/She/It was returning.
	C: Îme **me**ha**tiya**ym**eve**. Îme **me**ha**tîm**in**eve**. Îme **me**ha**tiya**ymine. KK/H/K: Îme **me**ha**tiya**yma.	We were returning.
	C: Hume **me**ha**tiya**yn**eve**. Hume **me**ha**tîn**an**eve**. Hume **me**ha**tiya**ynane. H/K: Hume **me**ha**tiya**yna.	You were returning.
	C: Ewan **me**ha**tiya**n**eve**. Ewan **me**ha**tin**eve. Ewan **me**ha**tiya**ne. KK/H/K: Ewan **me**ha**tiya**na.	They were returning.
Negation **ni** – *not*	C: Min ni**me**ha**tiya**m**eve**. Min ni**me**ha**tim**eve. Min ni**me**ha**tiya**me. H/K: Mi ni**me**ha**tiya**ma.	I wasn't returning.
	C: Tu ni**me**ha**tiya**yn**eve**. Tu ni**me**ha**tîn**eve. Tu ni**me**ha**tiya**yne. H/K: Tu ni**me**ha**tiya**yna.	You weren't returning.

PAST TENSES

C: Ew nimehatiyave. Ew nimehateve. Ew nimehatiyaye. H/K: Ew nimehatiyawa.	He/She/It wasn't returning.
C: Îme nimehatiyaymeve. Îme nimehatîmineve. Îme nimehatiyaymine. H/K: Îme nimehatiyayma.	We weren't returning.
C: Hume nimehatiyayneve. Hume nimehatînaneve. Hume nimehatiyaynane. H/K: Hume nimehatiyayna.	You weren't returning.
C: Ewan nimehatiyaneve. Ewan nimehatimeve. Ewan nimehatiyane. H/K: Ewan nimehatiyana.	They weren't returning.

Formation of separable compound verbs with the ending -a /-e /-eve: Preverb (**me**-) + Past stem + -(i)ya- + Personal ending + -**eve**/-**a** Preverb (**nime**-) + Past stem + -(i)ya- + Personal ending + -**eve**/-**a**		
Example: **akirdin/edanev - *to open***		Verb stem: **-kird-ew**
Conjugation transitive verb m<u>e</u>dameve → mêameve	C: Min (daştim) mêameve. KK/H: Mi (daştim) mekirdma. K: Min (daştim) amekirda.	I was opening.
^	C: Tu (daştit) mêateve. KK/H: Tu (daştit) mekirdta. K: Tu (daştit) atmekirda.	You were opening.
^	C: Eü (daştî) mêayeve. H: Ewe (daştî) mekirdîya. K: Ew (daştî) atmekirdî.	He/She was opening.
^	C: Îme (daştman) mêamaneve. H: Îme (daştman) mekirdmana. K: Îme (daştman) amanmekirda.	We were opening.
^	C: Hume (daşttan) mêataneve. H: Hume (daşttan) mekirdtana.	You were opening.

PAST TENSES

	K: Hume (daşttan) mekirdtana.	
	C: Ewan (daştan) mêaneve.	They were opening.
	H: Ewene (daştan) mekirdana.	
	K: Ewan (daştan) anmekirda.	
Negation **ne** – *not*	H: Min nemekirdma.	I was not opening.
	K: Mi amnemekirda.	
	H: Tu nemekirdta.	You weren't opening.
	K: Tu atnemekirda.	
	H: Ewe nemekirdîya	He/She wasn't opening.
	K: Ew anemekirdî.	
	H: Îme nemekirdmana.	We weren't opening.
	K: Îme amannemekirda.	
	H: Hume nemekirdtana.	You weren't opening.
	K: Hume atannemekirda.	
	H: Ewene nemekirdana.	They weren't opening.
	K: Ewan annemekirda.	

Formation of compound verbs:		
Personal ending + e & Preverb (me-) + Past stem		
Personal ending + e & Preverb (me-) + Past stem + -a *(In Kwêyeşt)*		
Personal ending & Preverb (neme-) + Past stem		
Example: **vaz kirdin** - *to open*		Verb stem: vaz -**kird**-
Conjugation transitive verb	X: Min (daştim) waze mekirdim.	I was opening.
	C: Min (daştim) vazime mekird.	
	H: Mi (daştim) vazim mekird.	
	K: Mi (daştim) vazme mekirda.	
	X: Te (daştît) waze mekirdît.	You were opening.
	C: Tu (daştit) vazite mekird.	
	H: Tu (daştit) vazit mekird.	
	K: Tu (daştit) vazte mekirda.	
	X: Ew (daşt) waze mekird.	He/She/It was opening.
	C: Eü (daştî) vaze mekirdî.	

PAST TENSES | 60

	H: Ewe (daştî) vaz **me**kirdî. *(Êvetiyen)* Eü (daştê) vaz **me**kird**ê**. *(Kakeven)* K: Ew (daştî) vaz**e me**kirdî.	
	X: Hîme (daşt**îmin**) waz**e me**kird**îmin**. C: Îme (daşt**man**) vaz**man**e **me**kird. H: Îme (daşt**man**) vaz**man me**kird. K: Îme (daşt**man**) vaz**man**e **me**kirda.	We were opening.
	X: Home (daşt**înân**) waz**e me**kird**înân**. C: Hume (daşt**tan**) vaz**tan me**kird. H: Hume (daş**tan**) vaz**tan**e **me**kird. K: Hume (daşt**tan**) vaz**tan**e **me**kirda.	You were opening.
	X: Awan (daş**tin**) waz**e me**kird**in**. C: Ewan (daş**tan**) vaz**an**e **me**kird. H: Ewene (daş**tan**) vaz**an me**kird. K: Ewan (daş**tan**) vaz**n**e **me**kirda.	They were opening.
Negation **ne/ni** – *not*	X: Min waz**e ne**me**kird**im. H: Min vaz**im ne**me**kird. K: Mi vaz**im ne**me**kirda.	I was **not** opening.
	X: Te waz**e ne**me**kird**ît. H: Tu vaz**it ne**me**kird. K: Tu vaz**it ne**me**kirda.	You were**n't** opening.
	X: Ew waz**e ne**me**kird. H: Ewe/Eü vaz **ne**me**kirdî/**ne**me**kird**ê. K: Ew vaz **ne**me**kirdî.	He/She was**n't** opening.
	X: Hîme waz**e ne**me**kird**îmin. H: Îme vaz**man ne**me**kird. K: Îme vaz**man ne**me**kirda.	We were**n't** opening.
	X: Home waz**e ne**me**kird**înan. H: Hume vaz**tan ne**me**kird K: Hume vaz**tan ne**me**kirda.	You were**n't** opening.
	X: Awan waz**e ne**me**kird**in. H: Ewene vaz**an ne**me**kird. K: Ewan vaz**an ne**me**kirda.	They were**n't** opening.

Pluperfect Tense

When the completed action is even longer in the past than the simple past tense, the pluperfect tense is used.

Formation of intransitive verbs with a stem ending in a vowel:		
Past stem + -**wü**-/-**wî**- + Personal ending		
Preverb (**ne**-) + Past stem + -**wü**-/-**wî**- + Personal ending		
Example: **çîên/çûn** - *to go*		Verb stem: **çî**-/**çü**-
Conjugation çî + ü → çü	X: Min **çî**w**ü**m. C: Min **çü**wîm. KK/H: Min **çü**m. K: Min **çü**w**ü**m.	I had gone.
	X: Te **çî**w**ü**yt. C: Tü **çü**wîn. H: Tü **çü**yn. K: Tu **çü**w**ü**t.	You had gone.
	X: Ew **çî**w**ü**. C: Ew **çü**wî. H: Eü **çü**. K: Ew **çü**w**ü**.	He/She/It had gone.
	X: Hîme **çî**w**ü**ymn. C: Îme **çü**wîmin. H: Îme **çü**ymin. K: Îme **çü**w**ü**min/**çü**w**ü**ym.	We had gone.
	X: Home **çî**w**ü**yn. C: Hume **çü**wînan. H: Hume **çü**ynan. K: Hûme **çü**w**ü**nan/**çü**w**ü**yn.	You had gone.
	X: Awan **çî**w**ü**n. C: Ewan **çü**wîn. H: Ewan **çü**n. K: Ewan **çü**w**ü**n.	They had gone.
	X: Min ne**çî**w**ü**m.	I had **not** gone.

PAST TENSES 62

Negation **ne** - *not*	C: Min ne**ç**uwîm. KK/H: Mi ne**ç**üm. K: Min ne**ç**üwüm.	
	X: Te ne**ç**îwü**yt**. C: Tu ne**ç**üwîn. H: Tü ne**ç**üyn. K: Tu ne**ç**üwüt.	You had **not** gone.
	X: Ew ne**ç**îwü. C: Ew ne**ç**üwî. H: Eü ne**ç**ü. K: Min ne**ç**üwü.	He/She had **not** gone.
	X: Hîme ne**ç**îwü**ymn**. C: Îme ne**ç**üwî**min**. H: Îme ne**ç**üy**min**. K: Îme ne**ç**ü**wü**min/ne**ç**ü**wü**ym.	We had **not** gone.
	X: Home ne**ç**îwü**yn**. C: Hume ne**ç**üwî**nan**. H: Hume ne**ç**üy**nan**. K: Hume ne**ç**üwü**nan**/ne**ç**üwü**yn**.	You had **not** gone.
	X: Awan ne**ç**îwü**n**. C: Ewan ne**ç**üwî**n**. H: Ewan ne**ç**ü**n**. K: Ewan ne**ç**üwü**n**.	They had **not** gone.

Formation of intransitive verbs with a stem ending in a consonant:		
Past stem + -**ü**-/-**iwî**- + Personal ending		
Preverb (**ne**-) + Past stem + -**ü**-/-**iwî**- + Personal ending		
Example: **hatin** - *to come*		Verb stem: **hat-**
Conjugation	Min hat**üm**/hat**iwîm**.	I had come.
	Tu hat**üyn**/hat**iwîn**.	You had come.
	Ew hat**ü**/hat**iwî**.	He/She/It had come.
	Îme hat**üymin**/hat**iwîmin**.	We had come.
	Hume hat**üynan**/hat**iwînan**.	You had come.

PAST TENSES

	Ewan hat**ün**/hat**iwîn**.	They had come.
	Min **ne**hat**üm**/**ne**hat**iwîm**.	I had not come.
	Tu **ne**hat**üyn**/**ne**hat**iwîn**.	You had not come.
Negation	Ew **ne**hat**ü**/**ne**hat**iwî**.	He/She had**n't** come.
	Îme **ne**hat**üymin**/**ne**hat**iwîmin**.	We had not come.
ne - *not*	Hume **ne**hat**üynan**/**ne**hat**iwînan**	You had not come.
	Ewan **ne**hat**ün**/**ne**hat**iwîn**.	They had not come.

Formation of transitive verbs:
Past stem + -(w)ü- + Personal ending
Preverb (**ne-**) + Past stem + -(w)ü- + Personal ending

Example: **dünîn** - *to see*		Verb stem: -**dî**-
Conjugation **without** **object**	X/KK: Min d**iwüm** → d**üm**. C: Min d**iwüm**. H: Mi d**îyüm**. K: Min d**îwüm**.	I had seen.
	X/KK: Te/Tu d**üt**. C: Tü d**iwît**. H/K: Tü/Tu d**îwüt**.	You had seen.
	X: Ew d**ü**. X: Ew d**ütê**. C: Ew d**iwütê**. H/K: Eü/Ew d**îwütê**.	He/She/It had seen.
	X: Hîme d**iwümin**. KK: Îme d**üman**. C: Îme d**iwüman**. H/K: Îme d**îwüman**.	We had seen.
	KK: Hume d**ütan**. C: Hume d**iwütan**. H/K: Hume d**îwütan**.	You had seen.
	KK: Ewan d**üan**. C: Ewan d**iwüan** → d**üyan**	They had seen.

PAST TENSES

	H/K: Ewan dî**wü**yan.	
Negation **ne** - *not*	X: Min ni**wü**m. C: Min ne**wy**üm. H: Mi ne**y**üm. K: Min ne**dî**wüm/ne**yî**wüm.	I had **not** seen.
	X: Te ni**wü**t. C: Tü ne**wy**üt. H: Tü ne**y**üt. K: Tu ne**dî**wüt/ne**yî**wüt.	You had **not** seen.
	X: Ew ni**wü**. C: Ew ne**wî**tê. H: Eü ne**y**wütê. K: Ew ne**dî**wütê/ne**yî**wütê.	He/She/It had **not** seen.
	X: Hîme ni**wü**min. C: Îme ne**wî**man. H/K: Îme ne**yî**wü**man**.	We had **not** seen.
	X: Home ni**wü**tân. C: Hume ne**wî**tan. H: Hume ne**y**îwütan. K: Hume ne**dî**wütan/ne**yî**wütan.	You had **not** seen.
	X: Awan ni**wü**n. C: Ewan ne**wî**yan. H: Ewan ne**y**îwüyan→ ne**wü**yan. K: Ewan ne**dî**wün/ne**yî**wün.	They had **not** seen.

Formation of separable compound verbs with affixes -a/-e/-eve:	
Past stem + -**ü**-/-**iwî**- + Personal ending	
Preverb (**ne**-) + Past stem + -**ü**-/-**iwî**- + Personal ending	
Example: **ahatin** - *to come back/return*	Verb stem: **hat-**
Conjugation	C: Min hat**iwî**meve. Min hat**iwî**me. H/K: Min hat**ü**ma.	I had returned. I had come back.

PAST TENSES | 65

	C: Tu hat**iwî**n**eve**. H/K: Tu hat**üyîna**/hat**üyna**.	You had come back.
	C: Ew hat**iwî**ve. H/K: Ew hat**üwa**.	He/She/It had come back.
	C: Îme hat**iwî**min**eve**. H/K: Îme hat**ümina**.	We had come back.
	C: Hume hat**iwî**nan**eve**. H/K: Hume hat**ünana**.	You had come back.
	C: Ewan hat**iwî**n**eve**. H/K: Ewan hat**üna**.	They had come back.
Negation **ne** - *not*	C: Min **ne**hat**iwî**m**eve**. H/K: Min **ne**hat**üma**.	I had **not** come back.
	C: Tu **ne**hat**iwî**n**eve**. H/K: Tu **ne**hat**üyna**.	You had **not** come back.
	C: Ew **ne**hat**iwî**ve. H/K: Ew **ne**hat**üwa**.	He/She/It had **not** come back.
	C: Îme **ne**hat**iwî**min**eve**. H/K: Îme **ne**hat**ümina**.	We had **not** come back.
	C: Hume **ne**hat**iwî**nan**eve**. H/K: Hume **ne**hat**ünana**.	You had **not** come back.
	C: Ewan **ne**hat**iwî**n**eve**. H/K: Ewan **ne**hat**üna**.	They had **not** come back.

Formation of separable compound verbs with affixes -a/-e/-eve: Past stem + -**ü**-/-**wî**- + Personal ending + -**eve**/-**a** Preverb (**ne**-) + Past stem + -**ü**-/-**wî**- + Personal ending + -**eve**/-**a**	
Example: **akirdin/edanev** - *to open*	Verb stem: **kird-..-a**
Conjugation transitive verb	C: Min da**wî**m**eve**. Min da**wî**me. KK/H: Min kird**üma**. K: Min am**kird**ü.	I had opened.
	C: Tu da**wî**t**eve**. KK/H: Tu/Tü kird**üta**.	You had opened.

PAST TENSES

	K: Tu at**kird**ü.	
	C: Eü **dawîty**eve. H: Ewe/Eü kird**üya**. K: Ew a**kira**wü.	He/She had opened
	C: Îme **dawîman**eve. KK/H: Îme kird**ümana**. K: Îme aman**kird**ü.	We had opened.
	C: Hume **dawîtan**eve. KK/H: Hume kird**ütana**. K: Hume atan**kird**ü.	You had opened.
	C: Ewan **dawîyan**eve. KK/H: Ewene kird**üyana**. K: Ewan aan**kird**ü → an**kird**ü.	They had opened.
Negation **ne** – *not* ne + da → **nya**	C: Min nyawîmeve. KK/H: Min **ne**kird**üma**. K: Min am**ne**kird**ü**.	I had **not** opened.
	C: Tu nyawîteve. H: Tu/Tü **ne**kird**üta**. K: Tu at**ne**kird**ü**.	You had**n't** opened.
	C: Eü nyawîtyeve. H: Ewe/Eü **ne**kird**üya**. K: Ew a**ne**kira**wü**.	He/She had**n't** opened.
	C: Îme nyawîmaneve. H: Îme **ne**kird**ümana**. K: Îme aman**ne**kird**ü**.	We had **not** opened.
	C: Hume nyawîtaneve. H: Home **ne**kird**ütana**. K: Home atan**ne**kird**ü**.	You had**n't** opened.
	C: Ewan nyawîyaneve. H: Ewene **ne**kird**üyana**. K: Ewan an**ne**kird**ü**.	They had**n't** opened.

PAST TENSES | 67

Formation of compound verbs:	
-Personal ending & Past stem + -ü-/-wî-	
-Personal ending & Preverb (**ne-**) + Past stem + -ü-/-wî-	
Example: **vaz kirdin** - *to open*	Verb stem: **vaz- kird-**
Conjugation	X/K: Mi waz**im**/vaz**im** kird**ü**. C: Min vaz**im** kird**wî**. H: Min vaz kird**üm**.	I had opened.
	X: Te waz**it** kird**ü**. C: Tu vaz**it** kird**wî**. H/K: Tü/Tu vaz**it** kird**ü**.	You had opened.
	X: Ew waz**ê** kird**ü**. C: Eü vaz kird**wîtî**. H: Ewe/Eü vaz kird**ütî**. K: Ew vaz kird**ütê**.	He/She had opened.
	X: Hîme waz**mân** kird**ü**. C: Îme vaz**man** kird**wî**. H/K: Îme vaz**man** kird**ü**.	We had opened.
	X: Home waz**tân** kird**ü**. C: Hume vaz**tan** kird**wî**. H/K: Hume vaz**tan** kird**ü**.	You had opened.
	X: Awan waz**yân** kird**ü**. C: Ewan vaz**an** kird**wî**. H/K: Ewan vaz**an** kird**ü**.	They had opened.
Negation **ne** - *not*	X: Min waz**im ne**kird**ü**. C: Min vaz**im ne**kird**wî**. H/K: Min vaz**im ne**kird**ü**.	I had **not** opened.
	X: Te waz**it ne**kird**ü**. C: Tu vaz**it ne**kird**wî**. H/K: Tü/Tu vaz**it ne**kird**ü**.	You had **not** opened.
	X: Ew waz**ê ne**kird**ü**. C: Eü vaz **ne**kird**wîtî**. H: Ewe/Eü vaz **ne**kird**ütî**. K: Ew vaz **ne**kird**ütê**.	He/She had **not** opened

PAST TENSES

	X: Hîme waz**mân ne**kirdü. C: Îme vaz**man ne**kirdwî. H/K: Îme vaz**man ne**kirdü.	We had **not** opened.
	X: Home waz**tân ne**kirdü. C: Hume vaz**tan ne**kirdwî. H/K: Hume vaz**tan ne**kirdü.	You had **not** opened.
	X: Awan waz**yân ne**kirdü. C: Ewan vaz**an ne**kirdwî. H/K: Ewane vaz**an ne**kirdü.	They had **not** opened.

More Examples

-Xwedkare **da**wîme kuřeke. -Xwedkareke **da**wüme kuřeke.	**I had given** the pen to the boy.
Xwedkareke **da**wüte kuřeke.	**You had given** the pen to the boy.
Xwedkareke **da**wüye kuřeke. Xwedkareke **da**wütêye kuřeke	**He/She had given** the pen to the boy.
Xwedkareke **da**ümane kuřeke.	**We had given** the pen to the boy.
Xwedkareke **da**ütane kuřeke.	**You had given** the pen to the boy.
Xwedkareke **da**üyane kuřeke.	**They had given** the pen to the boy.
Xwedkareke n**iya**üme kuřeke.	**I hadn't given** the pen to the boy.
Xwedkareke n**iya**üte kuřeke.	**You hadn't given** the pen to the boy.
Xwedkareke n**iya**ütêye kuřeke.	**He/She hadn't given** the pen to the boy.
Xwedkareke n**iya**ümane kuřeke.	**We hadn't given** the pen to the boy.
Xwedkareke n**iya**ütane kuřeke.	**You hadn't given** the pen to the boy.
Xwedkareke n**iya**üyane kuřeke.	**They hadn't given** the pen to the boy.

Present Perfect Tense

This tense is used for actions in the past that still affect the present.

Formation of intransitive verbs with a stem ending in a vowel: Past stem + Personal ending + -e Preverb (**ne**-) + Past stem + Personal ending + -e			
Example: **çîn/çün** - *to go*		Verb stem: -**çî**-	
Conjugation	X/H: Min **çî**me. C/H: Mi **çi**me. *(Kakeven)* K: Mi **çü**me.		I have gone.
	X: Te **çî**te. C/H: Tu **çî**ne. K: Tu **çü**te/**çü**ne.		You have gone.
	X/C/H: Ew **çî**ye/**çi**ye. K: Ew **çü**ye.		He/She/It has gone.
	X: Hîme **çî**mne. C/H: Îme **çî**mine. K: Îme **çü**mine.		We have gone.
	X: Home **çî**ne. C/H: Hume **çî**nane. K: Hume **çü**nane.		You have gone.
	X: Awan **çî**ne. C: Ewan **çi**ne. H: Ewan **çî**ne. K: Ewan **çü**ne.		They have gone.
Negation **ne** - *not*	X/H: Min **ne**çîme. C: Min **ne**çime. H: Mi **ne**çîme. K: Min **ne**çüme.		I have **not** gone.
	X: Te **ne**çîte. C/H: Tü **ne**çîne. K: Tu **ne**çüte.		You have **not** gone.
	X/C/H: Ew/Eü **ne**çîye K: Ew **ne**çüye.		He/She/It has **not** gone.

PAST TENSES 70

X: Hîme neçîmne. C/H: Îme neçîmine. K: Îme neçümine.	We have **not** gone.
X: Home neçîne. C/H: Hume neçînane. K: Hûme neçünane.	You have **not** gone.
X: Awan neçîne. C: Ewan neçine. H: Ewan neçîne. K: Ewan neçüne.	They have **not** gone.

Formation of intransitive verbs with a stem ending in a consonant:
Past stem + Personal ending + -**e**
Preverb (**ne**-) + Past stem + Personal ending + -**e**

Example: **hatin** - *to come*	Verb stem: **hat-**
Conjugation	1. Min hat**ime**. 2. Min het**ime**.	I have come. (**still there**)
	Tu hat**îne**.	You have come.
	Ew hat**iye**.	He/She/It has come.
	Îme hat**îmne**.	We have come.
	Îwe hat**înane**.	You have come.
	Ewan hat**ine**.	They have come.
Negation **ne** - *not*	Min **ne**hat**ime**.	I have **not** come.
	Tu **ne**hat**îne**.	You have **not** come.
	Ew **ne**hat**iye**.	He/She/It has **not** come.
	Îme **ne**hat**îmne**.	We have **not** come.
	Îwe **ne**hat**înane**.	You have **not** come.
	Ewan **ne**hat**ine**.	They have **not** come.

PAST TENSES | 71

Formation of transitive verbs with a stem ending in a vowel:			
Past stem + personal ending + **e**			
Preverb (**ne**-) + personal ending + Past stem + **-e**			
Example: **dünîn** - *to see*		Verb stem: **-dî-/-yî-**	
Conjugation **without** **object**	X/KK/C/H/K: Min **dî**m**e**.		I have seen.
	X/KK/C/H/K: Tu **dît**e.		You have seen.
	X/H: Ew **dîy**e. KK: Ew **dîy**esê. C: Ew **dîy**ey/**dîy**esê. K: Ew **dîy**esê/**dît**esê.		He/She has seen.
	X: Hîme **dî**mn**e**. KK/C/H/K: Îme **dî**man**e**.		We have seen.
	X/KK/C/H/K: Hume/Homa **dît**an**e**.		You have seen.
	X: Awan **dî**n**e**. C/KK/H/K: Ewan **dîy**an**e**.		They have seen.
Negation **ne** - *not*	X/KK: Min ne**î**me → n**îy**me. C: Min ne**yî**me/ne**y**me. H: Mi ne**yî**me. K: Min ne**dî**me/ne**yî**me.		I have **not** seen.
	X: Te n**îy**te. C/H: Tü ne**yî**te. K: Tu ne**dît**e/ne**yît**e.		You have **not** seen.
	X: Ew ne**î**ye. C: Ew ne**yîy**ey/ne**yîy**esê. H: Eü ne**yîy**e. K: Ew ne**dîy**esê/ne**yîy**esê.		He/She has **not** seen.
	X: Hîme ne**î**mne. C/H/K: Îme ne**yî**mane. K: Îme ne**dî**mane.		We have **not** seen.
	X/C/H/K: Hume ne**yît**ane. K: Hume ne**dît**ane.		You have **not** seen.
	C/H/K: Ewan ne**yîy**ane. K: Ewan ne**dîy**ane/ne**yîy**ane.		They have **not** seen.

PAST TENSES | 72

Formation of separable compound verbs with affixes -a/-e/-eve:		
Past stem + Personal ending + -e + -s- + -a		
Preverb (**ne-**) + Past stem + Personal ending + -e + -s- + -a		
Example: **ahatin** - *to return/come back*		Verb stem: **-hat-a**
Conjugation intransitive verb **-s-** is a buffer consonant	C: Min hat**ime**s**eve**. H/K: Min hat**ime**s**a**.	I have returned. I have come back.
	C: Tu hat**îne**s**eve**. H/K: Tu hat**îne**s**a**.	You have returned.
	C: Tu hat**iye**s**eve**. H/K: Ew hat**iye**s**a**.	He/She has returned.
	C: Îme hat**îmine**s**eve**. H/K: Îme hat**îmine**s**a**.	We have returned.
	C: Hume hat**înane**s**eve**. H/K: Hume hat**înane**s**a**.	You have returned.
	C: Ewan hat**ine**s**eve**. H/K: Ewan hat**ine**s**a**.	They have returned.
Negation **ne** - *not*	H/K: Min **ne**hat**ime**s**a**.	I haven't returned.
	H/K: Tu **ne**hat**îne**s**a**.	You haven't returned.
	H/K: Ew **ne**hat**iye**s**a**.	He/She hasn't returned.
	H/K: Îme **ne**hat**îmine**s**a**.	We haven't returned.
	H/K: Hume **ne**hat**înane**s**a**.	You haven't returned
	H/K: Ewan **ne**hat**ine**s**a**.	They haven't returned.

Formation of separable compound verbs with affixes -a/-e/-eve:		
Past stem + Personal ending + Tense marker (-e-) + -s- + -eve/-a		
Preverb (**ne-**) + Past stem + Personal ending + -e- + -s- + -eve/-a		
Example: **akirdin** - *to open*		Verb stem: **kird-..-a**
Conjugation transitive verb	C: Min **da**me**s**eve/**da**me**s**e. KK: Min **kird**ime**s**a. H: Min **kird**ime**s**a/**da**me**s**a. K: Min am**kird**îye.	I have opened.
	C: Tü **da**te**s**eve. KK: Tu **kird**ite**s**a/**kird**te**s**a.	You have opened

PAST TENSES 73

-s- is a buffer consonant	H: Tu **kirdt**e**sa**. K: Tu **atkird**îye.	
	C: Ew/Eü **das**ê**eve**. H: Ewe **kird**y**esa**. K: Ew a**kird**îye.	He/She has opened
	C: Îme **da**ma**nes**e**ve**. KK/H: Îme **kird**ma**nesa**. K: Îme aman**kird**îye.	We have opened.
	C: Hume **da**ta**nes**e**ve**. KK/H: Hume **kirdt**a**nesa**. K: Hume atan**kird**îye.	You have opened
	C: Ewan **da**ya**nes**e**ve**. KK/H: Ewan **kird**a**nesa**. K: Ewan an**kird**îye.	They have opened
Negation **ne** - *not*	C: Min **nya**m**es**e**ve**. KK/H: Min **ne**kird**mesa**. K: Min am**ne**kird**î**ye.	I haven't opened.
	C: Tü **nya**t**es**e**ve**. KK/H: Tu **ne**kirdt**esa**. K: Tu at**ne**kird**î**ye.	You haven't opened.
	C: Ew **nyas**ê**eve**. H: Ewe **ne**kirdy**mesa**. K: Ew a**ne**kird**î**ye.	He/She hasn't opened
	C: Îme **nya**ma**nes**e**ve**. KK/H: Îme **ne**kird**man**e**sa**. K: Îme a**man**ne**kird**î**ye**.	We haven't opened.
	C: Hume **nya**ta**nes**e**ve**. KK/H: Hume **ne**kird**mesa**. K: Hume a**tan**ne**kird**î**ye**.	You haven't opened.
	C: Ewan **nya**n**es**e**ve**. KK/H: Ewan **ne**kird**anesa**. K: Ewan an**ne**kird**î**ye.	They haven't opened

PAST TENSES

Formation of transitive compound verbs:		
Personal ending & Past stem + -îye/-iye Personal ending & Preverb (**ne-**) + Past stem + -îye/-iye		
Example: **vaz kirdin** - *to open*		Verb stem: **vaz**-...-**kird**-
Conjugation	X: Min waz**im** kird**iye**. C/H/K: Min vaz**im** kird**îye**. H: Mi vaz kird**im**e(s). *(Kakeven)*	I have opened.
	X: Te waz**it** kird**iye**. C/H/K: Tü/Tu vaz**it** kird**îye**. H: Tu vaz kird**it**e(s). *(Kakeven)*	You have opened.
	X: Ew waz**ê** kird**iye**. C: Ew/Eü vaz kird**êsê**. H: Ewe vaz kird**ye**(s). *(Kakeven)* Eü vaz kird**iyê**. *(Kakeven)* K: Ew vaz kird**îye**.	He/She has opened.
	X: Hîme waz**mân** kird**iye**. C/H/K: Îme vaz**man** kird**îye**. H: Îme vaz kird**man**e(s).	We have opened.
	X: Home waz**tân** kird**iye**. C/H/K: Hume vaz**tan** kird**îye**. H: Hume vaz kird**tan**e(s).	You have opened.
	X: Awan waz**yân** kird**iye**. C/H/K: Ewan vaz**an** kird**îye**. H: Ewene vaz kird**an**e(s).	They have opened.
Negation **ne** - *not*	X: Min waz**im ne**kird**iye**. C/H/K: Min vaz**im ne**kird**îye**. H: Min vaz **ne**kird**im**e(s).	I have**n't** opened.
	X: Te waz**it ne**kird**iye**. C/H/K: Tü/Tu vaz**it ne**kird**îye**. H: Tu vaz **ne**kird**t**e(s).	You have**n't** opened.
	X: Ew waz**ê ne**kird**iye**. C: Ew vaz **ne**kird**êsê**.	He/She has**n't** opened.

PAST TENSES | 75

	H: Ewe vaz **ne**kird**y**e(s). *(Kakeven)* Eü vaz **ne**kirdiyê. *(Kakeven)* K: Ew vaz **ne**kirdîye.	
	X: Hîme waz**mân ne**kird**i**ye. C/H/K: Îme vaz**man ne**kirdîye. H: Îme vaz **ne**kird**man**e(s).	We haven't opened.
	X: Home waz**tân ne**kird**i**ye. C/H/K: Hume vaz**tan ne**kirdîye. H: Hume vaz **ne**kird**tan**e(s).	You haven't opened.
	X: Awan waz**yân ne**kird**i**ye. C/H/K: Ewan vaz**an ne**kirdîye. H: Ewene vaz **ne**kird**an**e(s).	They haven't opened.

More Examples in Present Perfect Tense

Xwedkareke **da**mese kuřeke.	I've given the pen to the boy.
Xwedkareke **da**tese kuřeke.	You've given the pen to the boy.
Xwedkareke **da**siye kuřeke.	He/She has given the pen to the boy.
Xwedkareke **da**manese kuřeke.	We've given the pen to the boy.
Xwedkareke **da**tanese kuřeke.	You've given the pen to the boy.
Xwedkareke **da**yanese kuřeke.	They've given the pen to the boy.
Xwedkareke ni**ya**mese kuřeke.	I've **not** given the pen to the boy.
Xwedkareke ni**ya**tese kuřeke.	You've **not** given the pen to the boy.

FUTURE TENSE

In some regions both Present and Future tenses are the same. To make it clear that the action is going to be taken in the future, time words (**later** = *dûmatir*, **tomorrow** = *sû*, **day after tomorrow** = *dûsû*, **next month/year** = *mangê/sałê* tir) are used.

Formation of regular verbs:		
(**mê/dî**) & Present Stem + Personal ending		
(**mê**) & Preverb (**ne**-) + Present Stem + Personal ending		
(**dî**) & Preverb (**nime**-) + Present Stem + Personal ending		
Example: **çîn/çün** - *to go*		Verb stem: -**ç**-
Conjugation	C: Min mey **biçim**.	I **will** go.
	C/K: Min mê **biçim**.	
	K: Min dî **biçim**.	
	Tu mê **biçîn**.	You **will** go.
	Ew mê **biçû**.	He/She/It **will** go.
	Îme mê **biçîmin**.	We **will** go.
	Hume mê **biçînan**.	You **will** go.
	Ewan mê **biçin**.	They **will** go.
Negation **ni** – not **ne** - not	X/C/H: Mi **ni**meçim.	I **won't** go.
	K: Min mê **ne**çim. K: Min dî **ni**meçim.	
	Tu mê **ne**çîn. Tu dî **ni**meçîn.	You **won't** go.
	Ew mê **ne**çû. Ew dî **ni**meçû.	He/She/It **won't** go.
	Îme mê **ne**çîmin. Îme dî **ni**meçîmin.	We **won't** go.
	Hume mê **ne**çînan. Hume dî **ni**meçînan.	You **won't** go.
	Ewan mê **ne**çin. Ewan dî **ni**meçin.	They **won't** go.
Conjugation with a time word	X/H: Mi **me**çim.	I go./I **will** go.
	X/H: Mi **sû me**çim.	I **will** go **tomorrow**.
	X/C/H: Mi **sû ni**meçim.	I **will not** go **tomorrow**.

SUBJUNCTIVE MOOD

Subjunctive (in the present tense)

Formation of the verb „to be" in the present tense:		
Present Stem + Personal ending Preverb (**ne**) + Present Stem + Personal ending		
Example: **bîên/bün** - *to be*		Verb stem: **-bû/wû-**
Conjugation	X/C: Er min bû**m**. H/K: Eger mi bû**m**.	If I were
	X: Er te b**üt**. C/H/K: Er/Eger tu/tü b**în**.	If you were
	X/C/H/K: Er/Eger ew bû. K: Eger ew bû**tê**.	If he/she were
	Er/Eger îme bü**min**.	If we were
	Er/Eger hume bü**nan**.	If you were
	Er/Eger ewan bû**n**.	If they were
Negation **ne** - *not*	Er/Eger min **newûm**.	If I were **not**,
	X: Er te **newüt**. C/H/K: Er/Eger tu **newîn**.	If you were **not**,
	X/C/H/K: Er/Eger ew **newû**. K: Eger ew **newûtê**.	If he/she were **not**,
	Eger îme **newümin**.	If we were **not**,
	Eger hûme **newünan**.	If you were **not**,
	Er/eger ewan **newûn**.	If they were **not**,

💡 The Lekî word „**er**" or „**ege**" which means „**if**" is not obligatory. ***Eger mi bûm*** or ***Mi bûm*** means „**If I were**"

Subjunctive (Conditional perfect)

The subjunctive in the conditional perfect expresses that actions (wishes, ideas or speculations) are no longer realizable.

Formation of the verb „to *be(come)*" in conditional perfect:
Past stem + -**ya** + Personal ending
(**ne**-) + Past stem + -**ya** + Personal ending

Example: **bün/bîn** – *to be(come)*		Verb stem: -**bü**-/-**bî**-/-**wî**-
Conjugation	X/C/H: Er min bî**ya**m. K: Eger mi bü**ya**m.	1.If I were 2.If I would have become
	X: Er te bî**ya**yt. C/H: Er/Eger tü bî**ya**yn. K: Eger tu bü**ya**yn.	If you were
	X/C/H: Er/Eger ew bî**ya**. K: Eger ew bü**ya**.	If he/she/it were
	X: Er hîme bî**ya**ymin. C/H: Er/Eger îme bî**ya**ymin. K: Eger îme bü**ya**ymin.	If we were
	X/C/H: Er hume bî**ya**ynan. K: Eger hûme bü**ya**ynan.	If you were
	X/C/H: Er ewan bî**ya**n. K: Eger ewan bü**ya**n.	If they were
Negation **ne** - *not*	X/C/H: Er min **ne**wîyam. K: Eger mi **ne**wüyam.	If I were **not**,
	X: Er te **ne**wîyayt. C/H: Er tü **ne**wîyayn. K: Eger tu **ne**wüyayn.	If you were **not**,
	X/C/H: Er ew **ne**wîya. K: Eger ew **ne**wüya.	If he/she were **not**,
	X: Er hîme **ne**wîyaymin. C/H: Er îme **ne**wîyaymin. K: Eger îme **ne**wüyaymin.	If we were **not**,
	X/C/H: Er hume **ne**wîyaynan	If you were **not**,

SUBJUNCTIVE MOOD | 79

	K: Eger hûme **ne**wü**ya**ynan	
	X/C/H: Er ewan **ne**wîyan.	If they were **not**,
	K: Eger ewan **ne**wü**ya**n.	

💡 (Er) Min büyame doktor ... - *(If) I would have become a doctor.*

Formation of intransitive verbs:	
(**bi**-) + Past stem + -**ya**- + Personal ending	
(**me**-) + Past stem + -**ya**- + Personal ending	
(**ne**-) + Past stem + -**ya**- + Personal ending	
(**nime**-) + Past stem + -**ya**- + Personal ending	
Example: **çün/çîn** - *to go*	Verb stem: **-çü-/-çî-**
Conjugation X: Er mi me**çî**yam. C: Er min me**çi**yam/bi**çi**yam. H: Eger mi me**çî**yam. K: Eger mi me**çû**yam/bi**çû**yam.	If I would have gone
X: Er te me**çî**ya**yt**. C: Er tü me**çi**ya**yn**/bi**çi**ya**yn**. H: Eger tü me**çî**ya**yn**. K: Eger tu me**çû**ya**yn**/bi**çû**ya**yn**.	If you would have gone
X/H: Er/Eger ew me**çî**ya. C: Er ew me**çi**ya/bi**çi**ya. K: Eger ew me**çû**ya/bi**çû**ya.	If he/she would have gone
X/H: Er hîme/îme me**çî**ya**ymin**. C: Er îme me**çi**ya**ymin**/bi**çi**ya**ymin**. K: Eger îme me**çû**ya**ymin**/bi**çû**ya**ymin**.	If we would have gone
X/H: Er/Eger home/hume me**çî**ya**ynan**. C: Er hume me**çi**ya**ynan**/bi**çi**ya**ynan**. K: Eger hume me**çû**ya**ynan**/bi**çû**ya**ynan**.	If you would have gone
X/H: Er/Eger ewan me**çî**yan. C: Er ewan me**çi**yan/bi**çi**yan. K: Eger ewan me**çû**yan/bi**çû**yan.	If they would have gone

SUBJUNCTIVE MOOD

Negation **ni** - *not*	X/H: Er/Eger mi **nimeçîyam**. C: Er min **nimeçiyam/neçiyam**. K: Eger **nimeçûyam/neçûyam**.	If I would **not** have gone
	X: Er te **nimeçîyayt**. C: Er tü **nimeçiyayn/neçiyayn**. H: Eger tü **nemeçîyayn**. K: Eger **nimeçûyayn/neçûyayn**.	If you would **not** have gone
	X/H: Er/Eger ew **nimeçîya**. C: Er ew **nimeçiya/neçiya**. K: Eger **nimeçûya/neçûya**.	If he/she would **not** have gone
	X/H: Er/Eger hîme/îme **nimeçîyaymin**. C: Er îme **nimeçiyaymin/neçiyaymin**. K: Eger **nimeçûyaym/neçûyaymin**.	If we would **not** have gone
	X/H: Er/Eger hume **nimeçîyaynan**. C: Er **nimeçiyaynan/neçiyaynan**. K: Eger **nimeçûyayn/neçûyaynan**.	If you would **not** have gone
	X: Er/Eger ewan **nimeçîyan**. C: Er ewan **nimeçiyan/neçiyan**. K: Eger **nimeçûyan/neçûyan**.	If they would **not** have gone

Formation of transitive verbs:		
(**bi**-) + Past stem + -**ya**- + Personal ending		
(**me**-) + Past stem + -**ya**- + Personal ending		
(**ne**-)/(**ni**-) + Past stem + -**ya**- + Personal ending		
(**nime**-) + Past stem + -**ya**- + Personal ending		
Example: **dünîn** - *to see*		Verb stem: **-wîn-**
Conjugation	X: Er mi me**ü**wniyam → m**ü**wniyam. C: Er min b**ü**niyam/bîyam. H: Eger mi m**ü**wniyam. K: Eger mi mewînyam/biwînyam.	If I would have seen
	X: Er te m**ü**wniyayt. C: Er tü b**ü**niyat/bîyat.	If you would have seen

SUBJUNCTIVE MOOD 81

	H: Eger tü m**üwn**iya**yn**. K: Eger tu me**wîn**yat/bi**wîn**yat.	
	X/H: Er/Eger ew m**üwn**iya. C: Er ew b**ün**iyay/**bî**yay. K: Eger ew me**wîn**yayê/bi**wîn**yayê.	If he/she would have seen
	X/H: Er/Eger îme m**üwn**iya**ymin**. C: Er îme b**ün**iya**man**/**bî**ya**man**. K: Eger me**wîn**ya**man**/bi**wîn**ya**man**.	If we would have seen
	X/C: Er/Eger hume m**üwn**iya**ynan** C: Er hume b**ün**iya**tan**/**bî**ya**tan**. K: Eger me**wîn**ya**tan**/bi**wîn**ya**tan**.	If you would have seen
	X/H: Er/Eger ewan m**üwn**iya**n** C: Er ewan b**ün**iya**n**/**bî**ya**n**. K: Eger ewan me**wîn**ya**n**/bi**wîn**ya**n**.	If they would have seen
Negation **ni** - *not*	X: Er/Eger mi ni**müwn**iyam. C: Er min **new**niyam/**ne**yam. K: Eger mi ni**mewîn**yam.	If I would **not** have seen.
	X: Er te ni**müwn**iyayt. C: Er tü **new**niyat/**ne**yat. H: Eger mi **nemüwn**iyayn. K: Eger tu ni**mewîn**yat.	If you would **not** have seen.
	X/H: Er ew ni**müwn**iya/**nemüwn**iya. C: Er ew **new**niyay/**ne**yay. K: Eger ew ni**mewîn**yayê.	If he/she would **not** have seen.
	X: Er hîme ni**müwn**iyamin. C: Er îme **new**niyaman/**ne**yaman. H: Eger îme **nemüwn**iyamin. K: Eger îme ni**mewîn**yaman.	If we would **not** have seen.
	X: Er home ni**müwn**iyaynân. C: Er hume **new**niyatan/**ne**yatan. H: Eger hume **nemüwn**iyaynan. K: Eger hûme ni**mewîn**yatan.	If you would **not** have seen.

SUBJUNCTIVE MOOD

X: Er awan **nimüwn**iya**n**. C: Er ewan **newn**i**ya**n/ne**ya**n. H: Eger ewan **nemüwn**iya**n**. K: Eger ewan **ni**mewîn**ya**n.	If they would not have seen.

Formation of separable compound verbs with affixes -a/-eve:
(**bi**-) + Verb stem + Personal ending + -**eve/-a**
(**ne**-) + Verb stem + Personal ending + -**ew**

Example: **ahatin** - *to return*	Verb stem: -**hat**- ...-**a**
Conjugation	1. Mi **bi**hatiya**meve** 2. Mi **bi**hatiya**ma**	(If) I would have returned
	Tu **bi**hatiya**yna**	(If) you would have returned
	Ew **bi**hatiya**wa**	(If) he/she would have returned
	Îme **bi**hatiya**ymna**	(If) we would have returned
	Hume **bi**hatiya**yna**	(If) you would have returned
	Ewan **bi**hatiya**na**	(If) they would have returned
Negation (**ne** instead of bi) **ne** - *not*	Min **ne**hatiya**ma**	(If) I would **not** have returned
	Tu **ne**hatiya**yna**	(If) you would **not** have returned
	Ew **ne**hatiya**wa**	(If) he/she/it would **not** have returned
	Îme **ne**hatiya**ymna**	(If) we would **not** have returned
	Îwe **ne**hatiya**yna**	(If) you would **not** have returned
	Ewan **ne**hatiya**na**	(If) they would **not** have returned

SUBJUNCTIVE MOOD | 83

Irrealis (Past tenses)

The irrealis refers to unreal events. It describes an event that did not happen in the past and is therefore irretrievable.

Formation of the verb „to be":		
Past stem -**bû**-/-**bî**- + -**ya**-/-**yata**- + Personal ending		
Preverb (**ne**-) + Past stem + -**ya**-/-**yata**- + Personal ending		
Example: **bün** – *to be(come)*		Verb stem: -**bû**-/-**bî**-
Conjugation	1. Min **bûyata**m 2. Mi **bîya**m 3. Mi **bûya**m	I would have been I would have become
	1. Tu **bûyata**yn 2. Tu **bîya**yn/**bûya**yn	You would have been/become
	1. Ew **bûyata** 2. Ew **bûya**/**bîya**	He/She/It would have been/become
	1. Îme **bûyata**ymin 2. Îme **bîya**ymin 3. Îme **bûya**ymin	We would have been/become
	1. Hume **bûyata**ynan 2. Hume **bîya**ynan 3. Hume **bûya**ynan	You would have been/become
	1. Ewan **bûyata**n 2. Ewan **bîya**n/**bûya**n	They would have been/become
Negation **ne** – *not*	1. Min **newûyata**m 2. Mi **newîya**m 3. Mi **newûya**m	I would **not** have been I would **not** have become
	1. Tu **newûyata**m 2. Tu **newîya**yn 3. Tu **newûya**yn	You would **not** have been
	1. Ew **newûyata** 2. Ew **newîya** 3. Ew **newûya**	He/She/It would **not** have been/become
	1. Îme **newûyata**ymin 2. Îme **newîya**ymin 3. Îme newûyaymin	We would **not** have been/become
	1. Hume **newûyata**ynan	You would **not** have been/become

SUBJUNCTIVE MOOD | 84

	2. Hume **newîya**ynan 3. Hume **newûya**ynan	
	1. Ewan **newûya**tan 2. Ewan **newîya**n 3. Ewan **newûya**n	They would **not** have been/become

💡 Min newüyame doktor. – *I wouldn't have been/become a doctor*
Min serketê bûyatam. – *I would have been successful.*

Formation of intransitive verbs:		
Preverb (**me**-) + Past stem + -**iya**- + Personal endings			
Preverb (**nime**-) + Past stem + -**iya**- + Personal endings			
Example: **keftin** – *to fall*		Verb stem: -**ket**-
Conjugation	Min **me**ket**iya**m	I would have fallen
	Tu **me**ket**iya**yd	You would have fallen
	Ew **me**ket**iya**	He/She/It would have fallen
	Îme **me**ket**iya**ymin	We would have fallen
	Hume **me**ket**iya**ynan	You would have fallen
	Ewan **me**ket**iya**n	They would have fallen
Negation **ne** – *not*	Min ni**me**ket**iya**m	I would **not** have fallen
	Tu ni**me**ket**iya**yd	You would **not** have fallen
	Ew ni**me**ket**iya**	He/She/It would **not** have fallen
	Îme ni**me**ket**iya**ymin	We would **not** have fallen
	Hume ni**me**ket**iya**ynan	You would **not** have fallen
	Ewan ni**me**ket**iya**n	They would **not** have fallen

Conditional Clauses

Formation of transitive verbs:		
Preverb (**me**-) + Past stem + -**iya**- + Personal endings		
Preverb (**bi**-) + Past stem + -**iya**- + Personal endings		
Preverb (**nime**-) + Past stem + -**iya**- + Personal endings		
Preverb (**ne**-) + Past stem + -**iya**- + Personal endings		
Example: **hwardin** – *to eat*		Verb stem: -**hward**-
Conjugation	1. Min **me**hward**iya**m 2. Min **bi**hward**iya**m	I would have eaten
	Tu **me**hward**iya**t	You would have eaten
	Ewe **me**hward**iya**tê	He/She/It would have eaten
	Îme **me**hward**iya**man	We would have eaten
	Hume **me**hward**iya**tan	You would have eaten
	Ewan **me**hward**iya**n	They would have eaten
Negation **ni/ne** – *not*	1. Ni**me**hward**iya**m 2. **Ne**hward**iya**m	I would **not** have eaten
	Ni**me**hward**iya**t	You would **not** have eaten
	Ni**me**hward**iya**tê	He/She/It would **not** have eaten
	Ni**me**hward**iya**man	We would **not** have eaten
	Ni**me**hward**iya**tan	You would **not** have eaten
	Ni**me**hward**iya**n	They would **not** have eaten

Conditional Clauses

KK: Eger mi er ca tü biwiyam, **ne**me**ç**iyam. C: Er min er ciyay/cay tü biyam, **ni**me**ç**iyam. H: Eger e ciyay tu biyawam, **ni**me**ç**iyam. *(Kakeven)* K: Eger min e cay tu büyam, **ni**me**çü**yam. ***If I were you, I wouldn't have gone.***
KK: Eger **me**zanist**iya**man, ne**me**çîyaymin. C: Er **bi**zanist**iya**man, **ne**çiyaymin.   Er **me**zanist**iya**ymin, **ni**me**ç**iyaymin. H: Eger **me**zanistman, **ni**me**ç**iyaymin. *(Kakeven)* K: Eger **bi**zanistman, **ni**me**çü**yaymin. ***If we knew, we wouldn't have gone.***

Conditional Clauses | 86

KK: Eger er wire **bîyaymin**, **mewiniya**man.
C: Er (ve) wire **biyaymin**, **mewîniya**man.
H: Eger er wire **biyawaymin**, **mewîniya**man. *(Kakeven)*
K: Eger e wire **büyaymin**, **mewînya**man.
If we were there, we would have seen.
KK: Eger er wire **newîyayn**, ne**mewiniyat**.
C: Er (ve) wire **nimewyayn**, **nimewîniyat**.
H: Eger tu er wire ne**wiyawayn**, **nimewîniyat**. *(Kakeven)*
K: Eger e wire **newüyayn**, **nimewîniyat**.
If you were not there, you wouldn't have seen.
KK/C: Eger/Er ciwan**tir** bi**wiyam**/**biyam**, xweşał**tir** b**îm**.
H: Eger/Er ca**tir** biya**wam**, şad**tir** b**îm**. *(Kakeven)*
K: Eger ciwan**tir** bü**yam**, xweşał**tir** b**üm**.
If I were younger, I would be happier.
KK/C: Eger/Er pîr**tir** bi**wiyam**/**biyam**, xweşał **newîm**.
H: Eger/Er pîr**tir** biya**wam**, şad**tir** **newîm**. *(Kakeven)*
K: Eger pîr**tir** bü**yam**, xweşał **newüm**.
If I were older, I wouldn't be happy.
KK: Er bi**winiya**man **mewitman**e bê**nit**.
C: Er b**üniya**man/**biya**man **mewitman**e bê**nit**.
Er **meya**man, **mewitman**e bê**nit**.
Er dü**man**, **mewitman**e bê**nit**.
H: Eger **biwîniya**man, **mewitman**e bê**nit**. *(Kakeven)*
K: Eger **biwîniya**man, **ve** bî**nit mewitman**.
If we had seen, we would have told you.
C: Er ciyay tü b**ûm**, **nime**çim.
K: Eger cay tu b**üm**, **nime**çim.
If I were you, I wouldn't go.
KK: Eger **biçîyam**, **tun**im ne**mewiniya**.
C: Er **biçiyam** t**üm nimewîniya**.
Er **meçiyam** t**üm nimewîniya**.
Er çi**wîm**, t**üm nimewîniya**.
K: Eger ç**üwüm**, t**um nimewîniya**.
If I had gone, I wouldn't have seen you.

PASSIVE VOICE
Passive Voice in the Present Tenses

Formation in the Present tense:
Preverb (**me-**) + Passive verb stem + **-ir-** + personal ending
Preverb (**nime-**) + Passive verb stem + **-ir-** + personal ending

Example: girtin/gîryan – *to capture*		Verb stem -**gîr**-
Conjugation	Min me**gîri**rim.	I'm being captured/I'm captured.
	Tu me**gîri**rîn.	You are captured.
	Ewe me**gîri**rê.	He/She/It is captured.
	Îme me**gîri**rîmin.	We are captured.
	Hume me**gîri**rînan.	You are captured.
	Ewan me**gîri**rin.	They are captured.
Negation **ni –** *not*	Min **ni**me**gîri**rim.	I'm **not** being captured/I'm **not** captured.
	Tu **ni**me**gîri**rîn.	You are **not** captured.
	Ewe **ni**me**gîri**rê.	He/She/It is **not** captured.
	Îme **ni**me**gîri**rîmin.	We are **not** captured.
	Hume **ni**me**gîri**rînan.	You are **not** captured.
	Ewan **ni**me**gîri**rin.	They are **not** captured.

More Examples

dünin *to see* kuştin *to kill* gîryan *to capture* nüsanin *to write* şinewtin *to hear*	X/K: Îme me**wîni**rîmin. C: Îme me**üni**rîmin.	We are seen.
	X/K: Îme **ni**me**wîni**rîmin. C: Îme **ni**me**üni**rîmin.	We are **not** seen.
	X: Ewan me**kuşi**rin/**kuşi**rin. C: Ewan me**kuşi**rîn. K: Ewan me**kuşi**rin/me**kuji**rin.	They are (being) killed.
	X: Ewan **ni**me**kuşi**rin/ne**kuşi**rin. C: Ewan **ni**me**kuşi**rîn. K: Ewan **ni**me**kuşi**rin/**nime**kujirin.	They are **not** (being) killed.

PASSIVE VOICE

1.Ewe **nü**sirê. 2.Ew **nû**sirê.	It is (being) written.
Ewe me**firûş**irê.	It is (being) sold.
Ewe **ni**me**firûş**irê.	It is (being) sold.
Ewe me**dir**ê/me**wir**ê.	It is (being) given.
Ew me**şinew**irê.	It is (being) heard.

Passive Voice in the Simple Past Tense

Formation in the Simple past tense:			
Passive verb stem + -(ir)**ya** + personal ending			
Preverb (**ne-**) + Passive verb stem + -(ir)**ya** + personal ending			
Example: **nardin/kil kirdin** – *to send*		Verb stem -**nir**-/kil -**kir**-	
Conjugation	C: Min kile **kir**y**am**.	I was sent.	
	K: Mi nir**yam**/kile **büm**.		
	C: Tü kile **kir**y**ayn**.	You were sent.	
	K: Tu nir**yayn**.		
	C: Ew kile **kir**y**a**.	He/She/It was sent.	
	K: Ewe nir**ya**.		
	C: Îme kile **kir**y**aymin**.	We were sent.	
	K: Îme nir**yaymin**.		
	C: Hume kile **kir**y**aynan**.	You were sent.	
	K: Hume nir**yaynan**.		
	C: Ewan kile **kir**y**an**.	They were sent.	
	K: Ewan nir**yan**.		
Negation **ne** – *not*	C: Min kil **ne**kir**yam**.	I was **not** sent.	
	K: Mi **ne**nir**yam**.		
	C: Tu kil **ne**kir**yayn**.	You were **not** sent.	
	K: Tu **ne**nir**yayn**.		
	C: Ew kil **ne**kir**ya**.	He/She/It was **not** sent.	
	K: Ewe **ne**nir**ya**.		
	C: Îme kil **ne**kir**yaymin**.	We were **not** sent.	
	K: Îme **ne**nir**yaymin**.		

PASSIVE VOICE

	C: Hume kil **ne**kir**ya**ynan.	You were **not** sent.
	K: Hume **ne**nir**ya**ynan.	
	C: Ewan kil **ne**kir**ya**n.	They were **not** sent.
	K: Ewan **ne**nir**ya**n.	

💡 Even though the suffix of the passive voice in the present tense is -ir**ya**, the -**ir** part is dropped if the verb stem ends on an **r**, or the -**ir** is just neglected in daily speech *(irrespective of the verb stem)*.

More Examples

Verbs:		
firûştin *to sell*	X: Ew **firet**irî.	It was sold.
	C: Ew **firûş**ya/**firût**ya.	
	K: Ewe **firûş**irya.	
daên *to give*	X: Ew ne**firet**irî.	It was **not** sold.
	C: Ew ne**firûş**ya/ne**firût**ya.	
kuştin *to kill*	K: Ewe ne**firûş**irya.	
gîryan *to capture*	X: Ew **diye**rî/**dir**î.	It was given ...
	C: Ew **dir**ya.	
nüsîn *to write*	K: Ewe **daêr**ya/**dêr**ya.	
	X: Ew ne**diye**rî/ne**dir**î.	It was **not** given ...
aşardin *to hide*	C: Ew ne**dir**ya.	
	K: Ewe ne**war**ya/ne**daêr**ya.	
vitin *to say*	Ewan **kuş**iryan.	They were killed.
şinewtin *to hear*	Ewan ne**kuş**iryan.	They were **not** killed.
	Min **gîr**yam.	I was captured.
	Min ne**gîr**yam.	I was **not** captured.
	Ew **vit**irya.	It was said.
	Ew **şinew**irya.	It was heard.
	Ewe **nüs**irya.	It **was** written.
	Ewe **şar**i**ya**sa/**şar**di**ya**sa.	It **was** hidden.

Passive Voice in the Present Perfect Tense

Formation in the Present perfect tense:		
Present stem + -(ir)**ya** + personal ending + -**e**		
Preverb (**ne**-) + Present stem + -(ir)**ya** + personal ending + -**e**		
Example: **nardin/kil kirdin** – *to send*		Verb stem -**nêr**-/kil -**kir**-
Conjugation	C/K: Min kile **kir**y**a**m**e**. K: Min **nêr**iy**a**m**e**.	I have been sent.
	C/K: Tü kile **kir**y**a**yn**e**. K: Tu **nêr**iy**a**yn**e**.	You have been sent.
	C/K: Ew kile **kir**y**a**y**e**. K: Ew **nêr**iy**a**y**e**.	He/She/It has been sent.
	C/K: Îme kile **kir**y**a**ymin**e**. K: Îme **nêr**iy**a**ymn**e**.	We have been sent.
	C/K: Hume kile **kir**y**a**ynan**e**. K: Hûme **nêr**iy**a**ynan**e**.	You have been sent.
	C/K: Ewan kile **kir**y**a**n**e**. K: Ewan **nêr**iy**a**n**e**.	They have been sent.
Negation **ne** – *not*	C/K: Min kil **ne**kir**y**am**e**. K: Min **ne**nêr**i**y**a**m**e**.	I have **not** been sent.
	C/K: Tü/Tu kil **ne**kir**y**ayn**e**. K: Tu **ne**nêr**i**y**a**yn**e**.	You have **not** been sent.
	C/K: Ew kil **ne**kir**y**ay**e**. K: Ew **ne**nêr**i**y**a**y**e**.	He/She/It has **not** been sent.
	C/K: Îme kil **ne**kir**y**aymin**e**. K: Îme **ne**nêr**i**y**a**ym**e**.	We have **not** been sent.
	C/K: Hume kil **ne**kir**y**aynan**e**. K: Hûme **ne**nêr**i**y**a**ynan**e**.	You have **not** been sent.
	C/K: Ewan kil **ne**kir**y**an**e**. K: Ewan **ne**nêr**i**y**a**n**e**.	They have **not** been sent.

💡 Even though the suffix of the passive voice in the present tense is -ir**ya**, the -**ir** part is dropped if the verb stem ends on an **r**, or the -**ir** is just neglected in daily speech *(irrespective of the verb stem)*.

PASSIVE VOICE

More Examples

Verbs:		
fiřûştin *to sell*	X: Ew **firet**irîye. C: Ew **firûş**yaye/**firût**yaye. K: Ewe **firûş**iryaye.	It has been sold.
daên *to give*	X: Ew ne**firet**irîye. C: Ew ne**firûş**yaye/ne**firût**yaye. K: Ewe ne**firûş**iryaye.	It has **not** been sold.
kuştin *to kill*	X: Ew **diyer**îye/**dir**îye. C: Ew **dir**yaye. K: Ew **daêr**yaye.	It has been given.
gîryan *to capture*	X: Ew ne**diyer**îye/ne**dir**îye. C: Ew ne**dir**yaye. K: Ew ne**daêr**yaye.	It has **not** been given.
nüsîn *to write*	X: Ewan **kuş**iryane/**kuş**irîne. C: Ewan **kuş**irîyane. K: Ewan **kuş**iryane/**kuj**iryane.	They have been killed.
aşardin *to hide*	X: Ewan ne**kuş**iryane/ne**kuş**irîne. C: Ewan ne**kuş**irîyane. K: Ewan ne**kuş**iryane/ne**kuj**iryane.	They have **not** been killed.
	X: Min gîr**irya**me/gîr**irî**me. C/K: Min gîr**ya**me.	I have been captured.
	X: Min negîr**irya**me/negîr**irî**me. C/K: Min negîr**ya**me.	I have **not** been captured.
	Ew nüs**irya**ye.	It **has been** written.
	1. Ewe şar**irya**sewa. 2. Ewe aşar**ya**sa.	It **has been** hidden.

PASSIVE VOICE

Passive Voice in the Past Perfect Tense

Formation in the Past perfect tense:		
Past stem + -(ir)**ya** + -**wü**- + personal ending Preverb (**ne**-) + Present stem + -(ir)**ya** + -**wü**- + personal ending		
Example: **nardin/kil kirdin** – *to send*		Verb stem -**nêr**-/kil -**kir**-
Conjugation	C: Min kile **kir**ya**wü**m. K: Min **nêr**ya**wü**m.	I had been sent.
	C: Tü kile **kir**ya**wü**yn. K: Tu **nêr**ya**wü**yn.	You had been sent.
	C: Ew kile **kir**ya**wü**. K: Ew **nêr**ya**wü**.	He/She/It had been sent.
	C: Îme kile **kir**ya**wü**min. K: Îme **nêr**ya**wü**min.	We had been sent.
	C: Hume kile **kir**ya**wü**nan. K: Hûme **nêr**ya**wü**nan.	You had been sent.
	C: Ewan kile **kir**ya**wü**n. K: Ewan **nêr**ya**wü**n.	They had been sent.
Negation **ne** – *not*	C: Min kil **ne**kir**ya**wüm. K: Min **ne**nêr**ya**wüm.	I had **not** been sent.
	C: Tü kil **ne**kir**ya**wüyn. K: Tu **ne**nêr**ya**wüyn.	You had **not** been sent.
	C: Ew kil **ne**kir**ya**wü. K: Ew **ne**nêr**ya**wü.	He/She/It had **not** been sent.
	C: Îme kil **ne**kir**ya**wü**min**. K: Îme **ne**nêr**ya**wü**min**.	We had **not** been sent.
	C: Hume kil **ne**kir**ya**wünan. K: Hûme **ne**nêr**ya**wünan.	You had **not** been sent.
	C: Ewan kil **ne**kir**ya**wün. K: Ewan **ne**nêr**ya**wün.	They had **not** been sent.

💡 Even though the suffix of the passive voice in the present tense is -ir**ya**, the -**ir** part is dropped if the verb stem ends on an **r**, or the -**ir** is just neglected in daily speech *(irrespective of the verb stem)*.

PASSIVE VOICE 93

More Examples

Verbs:		
firûştin *to sell*	X: Ew **fire**tirû. C: Ew **firûş**ya**wü**/**firût**ya**wü**. K: Ew **firûş**irya**wü**.	It had been sold.
daên *to give*	X: Ew ne**fire**tirû. C: Ew ne**firûş**ya**wü**/ne**firût**ya**wü**. K: Ew ne**firûş**irya**wü**.	It had **not** been sold.
kuştin *to kill*	X: Ew **diye**rû/**dir**û. C: Ew **dir**ya**wü**. K: Ew **daêr**ya**wü**.	It had been given.
gîryan *to capture*	X: Ew ne**diye**rû/ne**dir**û. C: Ew ne**dir**ya**wü**. K: Ew ne**daêr**ya**wü**.	It had **not** been given.
nüsîn *to write*	X: Ewan **kuşirya**ûn/**kuşir**ûn. C: Ewan **kuşirî**ya**wün**. K: Ewan **kuşirya**wün/**kuj**irya**wün**.	They had been killed.
dünin *to see*	X: Ewan ne**kuşirya**ûn/ne**kuşir**ûn. C: Ewan ne**kuşirî**ya**wün**. K: Ewan ne**kuşirya**wün/ne**kuj**irya**wün**.	They have **not** been killed.
witin *to say*	X: Min gî**rirya**ûm/gî**rir**ûm. C/K: Min gî**r**ya**wü**m.	I had been captured.
	X: Min ne**gîrirya**ûm/ne**gîrir**ûm. C/K: Min ne**gîr**ya**wü**m.	I had **not** been captured.
	Ew nüs**irya**wü.	It **had been** written.
	Min dî**r**ya**wü**m.	I **had been** seen.
	KK: Ewe vit**irya**wî. K: Ewe wit**irya**wü.	It **had been** said.

ADVERBS

1. The Most Common Temporal Adverbs

Adverb	Example
îmŕû, imŕû, îmŕûj *today*	X: Min **îmŕûj** meçim. C/K: Min **îmŕûe** meçim. *I am going **today**.*
düeke, dûne *yesterday*	Ew **düeke** çü? *Did he go **yesterday**?*
sû, sü *tomorrow*	C: Min **sûe/şewekîe** meçim. C: Min **sûe/şewekîe** mê biçim. K: Min **sü** meçim. *I will go **tomorrow**.*
şiwekî, şewekî, bîyane *in the morning*	X: Min **bîyane** meçim. C: Min **şewekîe** mê biçim. X/K: Min **şiwekî** meçim. *I will go **in the morning**.*
îware *in the evening*	C: Min **îware** mê biçim. C/K: Min **îware** meçim. *I will go **in the morning**.*
nîmeŕû *at noon*	C: Min **nîmeŕûe** meçim. C: Min **nîmeŕûe** mê biçim. X/K: Min **nîmeŕû** meçim. *I'll go at **noon**.*
şew *at night*	C: Min **şewe** (mê) meçim. X/K: Min **şew** meçim. *I'll go at **night**.*
şiwekîyan, şewekîyan, bîyanel *in the mornings*	X: Min **bîyanel** meçim. C: Min **şewekîyane** meçim. K: Min **şiwekîyan** meçim. *I go in the **mornings**.*
îwaran, îwarel *in the evenings*	C: Min **îwarane** meçim. X/K: Min **îwarel** meçim. *I go in the **evenings**.*

ADVERBS

vey züyiye, züîye *soon*	C: Min **vey züîye** mê biçim. C/K: Min **vey züyiye** meçim. *I will go **soon**.*
îstge, îske, êske *now*	X/C: Min **êske/îske** meçim. K: Min **îstge** meçim. *I am going **now**.*
dümatir, dûma car, baden, dûatir *later*	X: Min **dûatir** meçim ve bazar. C: Min **dûma car**e (mê) biçime bazar. K: Min **dümatir** meçime bazar. *I will go to bazaar **later**.*
yekser, yekrast, züî, züyî *immediately*	X: Min **zûyî** meçim. C: Min **züîye** meçim. K: Min **yekser/yekrast** meçim. *I am going **immediately**.*
pêştir, esge, here, caran *in the past*	X: Min **caran** meçîyam. C: Min **here** meçîyam. K: Min **pêştir/esge** meçîyam. *I used to go.*
hemüşe, hemîşe, gişt vextî *always*	X: Min **hemîşe** ve mał meçîyam. C: Min **hemîşe** meçîyame re mał. K: Min **hemüşe** ve mał meçîyam. *I was **always** going home.*
hergiz, hüç vext, her + *negation* *never*	X: Min her **ni**meçîyam ve mał. C: Min **hergiz ni**meçîyame re mał. K: Min **hergiz** ve mał **ni**meçiyam. *I was **never** going home.*
here, vexter vext, carer car, ve tiyara *regularly*	X: Min **ve tîyara** meçiyam. C: Min **vexter vext/carer car** meçiyam. K: Min **here** meçiyam. *I was going **regularly**.*
birê vext, fire, fire fire, kut fêştir, fêştir *often*	X: Min **fêştir** meçim ve mał. C: Min **fire/fire fire** meçime re mał. K: Min **birê vext** ve mał meçim. *I **often** go home.*

ADVERBS

ve sextî, fire kem *rarely*	C: Min **fire kem**e meçiyame re mał. K: Min **ve sextî** meçüyame mał. *I was **rarely** going home.*
hinî vext, car carî, ga carî *sometimes*	X: **Ga carî** meçim ve mał. C: **Car carî** meçimere mał. K: **Hinî vext** ve mał meçim. *I **sometimes** go home.*
herûjê, gişt rûjê, ê rûjgare *everyday*	C: Min **hemîşe** meçiyame re mał. *I was going home **everyday**.*

2. The Most Common Modal Adverbs

Adverbs	Example
řastkanî, ve řastî, ve řasya, řasî *really*	X: Ham er mał **řasî**. C/K: Mi **vijdanen/ve rasya** hame małêre. K: Mi **ve řastî** ham er maława. *(Êwetiyen)* *I am **really** at home.*
ve daxa, bedbextî, şermende, tyelbextâne *unfortunately*	X: **Tyelbextâne** nimeam. C: **Bedbextî/Şermende** min nemam. K: **Ve daxa** mi nimam. ***Unfortunately**, I will not come.*
ve xweşbextîya, xweşałîya, ve xweşî, ve şanaziya *gladly*	X: Mi **ve xweşî** gerdte meam. C: Her **ve xweşî** minîje mame gerdit. K: Mi **ve xweşbextîya** ve gerd tue mam. *I **gladly** come with you.*
biłam, hewtür, gahes *maybe/perhaps*	X: **Gahes** mi bitânim biçim. C: **Hewtür** mi bitünim biçim. K: **Biłam** mi bitünim biçim. ***Maybe** I can go.*
bîguman, ḧetmen, sed ej sed, ḧukmen *definitely*	X: Min **sed ej sed** gerdte meam. C: Mi **ḧetmen** ve gerdte mam. K: **Bîguman/Ḧukmen** ve gerd tue mam. *I am **definitely** coming with you.*

ADVERBS | **97**

-îş, -îj, -iş, -ij, vepisa
even
	X: **Vepisa** ew vitimet bîn.
	C: Taze ewm**ije** lave vetîn.
	K: Min**îj** eweme bên vitîn. *(Êwetiyen)*
	    Min**îj** ewe ve bênit wetim. *(Êwetiyen)*
	    Mi hetta ewimîce vitîne bên. *(Uław Qewa)*
	*I **even** told you that.*

-îş, -îj, -iş -ij *too, also*	C: Tun**iş**-Tuş/ Min**ij**. K: Tun**îş** / Min**îş**. *You **too**. / Me **too**.*
çü, cûr, cür *like*	X: Tu **cür**ê min î. C: Tu **cûr** min în. K: Tu **çü** min în. *You are **like** me.*
ve giştê, gişt *completely*	C: **Gişt** er vîrim çî. K: **Ve giştê** ej vîrim çü. *I **completely** forgot it.*
halî, halîpa, halîpay, hêman *still*	X: **Hêman**im ha mał. C/K: Mi **halî/halîpay** hame małêre. K: Mi **halî/halîpa** hamer maława. *(Êwetiyen)* *I am **still** at home.*
vegerd yektir, vegerd yek, gerdêyeke *together, to each other*	C: Îme qise **vegerd yek**e mekeym. K: Îme qise **wegerd yektir**e mekeymin. *We talk **to each other**.*

3. The Most Common Local Adverbs

Adverbs	Example
er êre, er îre, er êrda *here*	X: Mi ham **er êrda**. C/K: Mi ham er (→ hame) **êre**. *I am **here**.*
ej êre, e êre, er îre, er îrele, ej êrda *from here*	X: Mi **ej êrda** meçim. C: **Er îre/îrele** meçim. K: Mi **ej/e êre** meçim. *I am going **from here**.*
er êre, ere îre, er êrda *ere*	X: Mi dîrim meam **er êrda**. C/K: Mi dirim mam **ere îre/er êre**. H: Mi dirim mame **êre**. *I am coming **here**.*

ADVERBS

er wire, e wire, er ewre *there*	X: Mi ham **er ewre**. C/K: Mi ham**e**/ham **er wire**. *I am **there**.*
ej wire, e wire, er wirele, er wire, ej ewre *from there*	X: Mi **ej ewre** meçim. C: **Er wire/wirele** meçim. K: Mi **e wire** meçim. *I am going **from there**.*
wire, ûre *there*	C: Mi dirim meam/mam re **wire**. H: Mi dirim mam**e ûre**. K: Mi dirim meam/mam er **wire**. *I am coming **there**.*
er piştawa, e piştire, er pişt *in the back*	X: Mi ham **er pişt**. C: Mi ham**e piştire**. K: Mi ham **er piştawa**. *I am **in the back**.*
er jêrawa, e jêrxan, er war *down/downstairs*	X/H: Mi ham **er** (→ham**e**) **war**. C: Mi ham**e jêrxan**. K: Mi ham **er jêrawa**. *I am **downstairs**.*
er banawa, er serawa, e balexan, er ban *above/upstairs*	X/H: Mi ham **er** (→ham**e**) **ban**. C: Mi ham**e balexan**. K: Mi ham **er banawa/serawa**. *I am **upstairs**.*
er derawa, e der, er deyştir, e deyşt, er deyşt *outside*	X/H: Mi ham **er** (→ham**e**) **deyşt**. C: Mi ham**e deyştire/deyşte**. K: Mi ham**e der**./Mi e **der**im. K: Mi ham er **derawa**. *I am **outside**.*
ej derawa, e dêyştir, ej deyşt *from outside*	X: Mi dîrim **ej deyşte** meam. C: Mi dirim **e dêyştire** mam. K: Mi dirim **ej derawa** meam. *I am coming **from outside**.*
er derawa, er dera, e deyştir, er deyşt *outwards, out*	X: Mi dîrim meam **er deyşt**. C: Mi dirim mam**e deyştire**. K: Mi dirim mam **er der/dera(wa)**. *I am coming **out**.*
er namawa, e nam *inside*	X/C: Mi ham**e nam**. K: Mi ham er **namawa**. K: Mi e **nam**im. *I am **inside**.*

ej namawa, e namir, ej nam *from inside*	X: Min **ej nam**e meam. C: Min **e namir**e mam. K: Min **ej namawa** meam. *I come **from inside**.*
namawa, nama, e nam, er nam *inwards*	X: Min dîrim meam **er nam**. C: Min dirim mame **nam**. K: Min dirim meam **er namawa**. *I am coming **inside**.*

PREPOSITION AND CIRCUMPOSITION

ve, ve la, ... -e *to*	X: Mi **ve** Sasan mûşim. C: Mi **ve la** Sasan<u>e</u> mûşim. H/K: Dirim mûşim**e** Sasan. K: Mi **ve** Sasan mûşim/mûjim. *(Êwetiyen)* *I'm telling it **to** Sasan.*
ve gerd, e gerd, ve ...-a *with, by*	C: Min mê **egerd** qetar biçim. H/K: Mi **ve** qetara/qetar**e** meçim. K: Min **ve gerd** qetare mê biçim. *(Êwetiyen)* *I will go **by** train.* C: Qeve **ve gerd** şîre mêerim. H: Qeve **gerd** şîre mexwem. K: Qeve **ve gerd**i şîre merim/mewrim. *I drink coffee **with** milk.*
bî, bê, vebê *without, -less*	Min **bî**kar/**bê**kar im. *I am jobless (unemployed).* C: **Vebê** tu nimeçim. H/K: Mi **bî/bê** tu nimeçim. *I am not going **without** you.*
er/-r ser ...-wa, qey, qêy, qê *on, at*	X: Nexşînêk ha **er** (ha**r**) **qey** dîware. C: Neqaşî har **qêy** dîware. H: Naqeşî ha **qê** dîware. K: Resmêkê ha**r ser** dîwareke**wa**. *(Êwetiyen)* Neqaşî ha **rü** dîware. *(Uław Qewa)* *A painting is **on** the wall.*

PREPOSITION AND CIRCUMPOSITION 100

ve ...-wa, ve ... -era, ve ... -ra *through*	C: Min **ve** pele **ra** meçim. K: Min **ve** deřvenekе**wa**/deřeke**wa** meçim. 　　Min **ve** deřvene**wa** meçim. *(Uław Qewa)* *I go **through** the valley.*
eřa, eře *for*	X: Ye **eřînê** te ese (tese). C/K: Ye **eřa** tu e. H/K: Ye **eřa** tu ne. *This is for you.*
er/-e lay ...-wa *next to, near*	C: Mi ham**e lay** darege. K: Mi ham **er** (→ham**e**) **lay** dareke**wa**. *I am **next to** the tree.*
ê ...-a, er, ve, e, ve ...-êre *in, at*	C: **Er/Ve** Îlame mewînimit. H: Mi **e** Îlam mewînimet. K: Min **ê** Îlam**a** mewînimit. *(Êwetiyen)* 　　**Ve** Îlam**êre** mewînmit. *(Uław Qewa)* *I see you **in** Ilam.*
-er/-e ...-wa, er *in, at*	C: Mi ham **er** (→ham**e**) małe. K: Mi ham**e** małe**wa**. *I am **at** home.*
ej, e *from*	X/C/K: Mi **ej** małe mam. *I am coming **from** home.*
ej ...wa, ve ...ra *since, for*	X: **Ej** düeke gerdê qisem nekirdiye. C: **Ve** dôke **ra** (ta îske) qiseme gerd nekirdiye. C: **Ve** dôke **ra** (ta îske) hüçme gerd newtiye. H: **Ê** düeke gerdi qisem nekirdime. K: **Ej** düne**wa** qisem ve gerd nekirdiye. *I haven't talked to her **since** yesterday.*
er/-e pişt ...-wa, -e pişt *behind*	C: Mi ham**e pişt** dere. K: Mi ham **er pişt** dere**wa**. *I am behind the door.*
er/-r jêr ...-wa, er/-r jîr ...-êre *under*	C: Sêfe har **jîr** mîze**êre**. H/K: Sêfe ha **jêr** mîze. K: Sêfeke har **jêr** mêzeke**wa**. *(Êwetiyen)* *The apple is **under** the table.*

PREPOSITION AND CIRCUMPOSITION | 101

er/-r ser ...-wa, er/-r ban ...-ve, -r jôr *on*	X: Sêfe har **jôr** mîze. C: Sêfe har **ban** mîze**ve**. H/K: Sêfe ha **ban** mîze. K: Sêfeke ha**r ser** mêzeke**wa**. *(Êwetiyen)* *The apple is **on** the table.*
er/-e ver ...-wa, -e nûa/ver ...-êr/-êre, ê niwa...-a *in front of*	X: Mi ham**e nûa** małeke. C: Mi ham**e nûa** małe**êre**. C: Mi ham**e ver** małe**êre**. H: Mi **ê niwa** mała hûsame. K: Mi ham**e ver** małeke. *I am **in front of** the house.*
ê nam ...-wa, ve ...-êre *in (inside)*	C: Mi **ve** małê**re** çêmeřê bîm. K: Mi **ê nam** małeke**wa** çameřê büm. *(Êwetiyen)* **Ve** małê**re** çemeřê menim. *(Uław Qewa)* *I waited **inside** the house.*
namên ...-wa, er miyan, namras ...-êre, nam ...-êre *between*	X: Małe ha **er miyan** du gile dar. C: Małe ha **namras** du gile dar**êre**. K: Małeke ha **namên** du dare**wa**. *(Êwetiyen)* Małe ha **nam** du dar**êre**. *(Uław Qewa)* *The house is **between** two trees.*
ve ser ... -wa, ve ban ... -ve, ban ... -a, *over, above*	X: Pelewere peřî **ban**i małe. C: Melê/Peleverê **ve ban** xange**ve** bał/fir girt. H: Kemutere **ban** mała mepeřê. K: Bałeneke **ve ser** małeke**wa** mepeřê/mefiřê. Pelevere ê ban małe fiř/piř girt. *(Uław Qewa)* *The bird flew **over** the house.*
ve gerd *with (together)*	C: Min **ve gerd** tue meçim. H: Dirim **e gerd**te meçim. K: Min **ve gerd**i tu/**ve gerd**te meçim. *I am going **with** you.*

ADJECTIVES

1. Adjective as a Modifier

In this case the substantive is determined by the adjective.

Words in Xaceven	Example	Meaning
xas - *good*	kesê/merdimê **xas**	good person
kes - person / people	qêrik merdimê **xas**	some good people
merdim - people	kesêk **xas**	a good person

Words in Całen	Example	Meaning
xas - *good*	adim/binyam **xas**	good person
adim/binyam - person/people	qêrî adim/binyam **xas**	some good people
	binyam/adim **xas/xasî**	a good person

Words in Kwêyeşt	Example	Meaning
xas - *good*	1.aymê **xas** 2.kesê **xas**	good person
kes - person / people	1.hinêl **xas**	some good people
aym - people	2.biřî kes **xas**	
	kesêkê/aymêkê **xas**	a good person

💡 *For further information see* **Declension of the Noun**

2. Adjective as an Adverb

Example	Meaning
Tu **züe/tune** meçîn.	You are going **quickly/fast**.
C: Tu **řengîne** mayînî çiyem.	You look **beautiful**.
K: Tu **řengîn** dere mekewîn.	

3. Adjective as a Predicate with "to be"

Example	Meaning
Tu **xas** ît.	You are **good**.
Tu aymêkê/kesêkê/adimêg **xas** ît.	You are a **good** person.
1.Ew **řengîn/cuwan** e. 2.Ew **zeva** s.	He/She/It is **beautiful**.

4. Formation of Adjectives from Nouns

Noun	Meaning	Adjective	Meaning
tawan	guilt	tawan**bar**	guilty
wina	guilt	wina**kar**	guilty
san, berd, kuçik, kuçek	stone	san**î**, berd**în**, kuçek**în**, kuçik**î**	stony
zeř	gold	zeř**în**	golden
nam	name	nam**dar**	famous
zûr	power	zûr**dar**	powerful
hîz	power	**we**hîz	strong, powerful

5. Formation of Adjectives from Verbs (Participle)

Verb	Past tense	Meaning
hwet**in** hôet**in**	X: jine hwet**iye**ke C: jen hôet**iyî** K: jene hwet**iye**	the woman asleep
çün çîn	X: jine çî**ya**ke C/K: jene çüe**ge**	the woman who has gone
peřîn bał gird**in**	X: pelwere peřî**ye**ke C: bałdarîg bał gird**iye**ge	the bird that has flown

Verb		Verb stem	Suffix	Participle	
burşanin birjandin	to grill	X: **burş-** C: **burş-** K: **birj-**	-iryî -irya -irya	burşiryî burşirya birjirya	grilled
girtin	to take	girt- gîr-	-iryî -ya -irya	girtiryî gîrya gîrirya	taken
nüsîn	to write	nüs-	-iryî -irya	nüsiryî nüsirya	written

ADJECTIVES

6. Substantiation of adjectives

Adjective	Example	Meaning
gewra **kełên** *old, big*	X: gewra**yê** mał C: kełên mał K: kełing**ê** małeke	the eldest (person) of the house
řengîn **zêva** **cuwan** *beautiful*	X: řengîne**keyê** şar X: zêva**keyê** şar K: řengîn**tirînê** şar	the most beautiful (person) in town
	cuwanî, řengînî, zêvayî	*beauty*

7. Comparative

Adjective	Comparative	Superlative
xas *(good)* dür *(far)*	adjective + **-tir** Example: xas**tir** *(better)* dür**tir** *(further)*	adjective + **-tirîn** Example: xas**tirîn** *(the best)* dür**tirîn** *(the furthest)*

X: Hwer **ej** zeü kelîn**tir** e.
C: Hôer **er** zemîn kełîn**tir** e.
K: Hwer **ej** zewîn gür**tir**/kełing**tir** e
The sun is bigger than the Earth.

X: Zeü çwar **car** kelîntir **ej** mâng e.
C: Zemîn çuwar **qeder/çine** mang kełîntir e.
K: Zewîn çuwar **gil ej** mang kełingtir e.
The Earth is four times larger than the moon.

X/K: Îlam **çine** Kirmaşan řengîn e.
C: Îlamîj **her cûr** Kirmaşan řengîn e.
K: Îlam **çend** Kirmaşan řengîn e.
Ilam is as beautiful as Kermanshah.

er/ej
(than)

car/qeder/gil
(times)

çend/çine/her cûr
(as ... as)

CONJUNCTIONS AND SUBORDINATE CLAUSES

Conjunctions in Lekî

In Lekî, as in all languages, the conjunctions are needed to introduce and connect main and subordinate clauses.

Conjunction	Example
û and	X/C: Min **û** tu metüwnîmin biçîmin we mał. K: Min **û** tu metüwnîmin biçîmine mała. *We (I **and** you) can go home.*
ya or	C: Mi sîfele **ya** emrûele mêrem. H: C: Mi sêf **ya** guławî mexwem. K: Mi sêf **ya** guławî/hirmî mewrim. *I eat apples **or** pears.*
ya ... ya either ... or	H: **Ya** tu **ya** ew metünîn biçîtin. C/K: **Ya** tu **ya** ew metüwnîn(an) biçîn(an). ***Either** you **or** he can go.*
û ... (herdûk/herdig) as well as, both	H: Min **û** Sasan sêfe mexweym. K: Min **û** Sasan herdûk(man) sêfe mewrîmin. *Me and Sasan **both** eat apples.*
ne ... ne neither... nor	C: Min **ne** sîfele mêrim **ne** emrûele. H: Mi **ne** sêfe mexwem **ne** guławî. K: Min **ne** sêfele mewrim **ne** guławîle. *I eat **neither** apples **nor** pears.*
hem ... hem both ... and	C: Min **hem** sîfele mêrim **hem** emrûele. H: Mi **hem** sêfe mexwem **hem** guławî. K: Min **hem** sêfe mewrim **hem** guławî. *I eat **both** apples **and** pears.*
biłem, velî but	X: **Emanî** sêfme nimerê. C: **Velî** min sîfe nimêrim. H: **Velî** mi sêf nimexwem. K: **Biłem** min sêf nimerim. ***But** I don't eat apples.*

CONJUNCTIONS AND SUBORDINATE CLAUSES | 106

eger ne, enî ne, er ne, eger e ne, er ... ha *otherwise/or*	X: Zengit biyey er bînim, **er ne** ej vîrim mekeê. C: Tilîfonme bîn ke **er** vîrme meçû **ha**. C: Zeňim erin de, **er** vîrme meçû **ha**. C: Zeňme bîn de, **er** vîrme meçû **ha**. H: Zeň bêerinim, **eger e ne** vîrme meçû. K: Pêvendim bigir **eger ne** ej vîrime meçû. K: Zengim erin de, **enî ne** ej vîrime meçû. *Call me, **or** I'll forget it.*
her eřa yese, hin yese, eře ye, ye ese *therefore, that's why*	X: Dîrim meçim er Îlam, **ye ese** ham er êrda. C: Meêm biçime ře Îlam, **eře ye** hame êre. H: Dirim meçime Îlam, **her eřa yese** ki hame êre. K: Eřa Îlame meçim, **eřa ye sa** hame êre. K: Min meçim virê Îlam, **hin yese** ke hame êre. *I'm going to Ilam, **that's why** I'm here.*
halî, halîpa, hêman, halîpay *still*	X: **Hêman** metûnim berim. C: Mi **halî** metüwnim bêrim. H: **Xwelî** metünim bixwem. K: Mi **halî** her metüwnim hwardinî berim. *I can **still** eat.*
duware, ducare, hem, dugile *again*	X: **Hem** metûnim berim. C: **Ducare/Dugile** metüwnim bêrim. H: **Hem** metünim bixwem. K: Mi metüwnim **duware** berim. *I can eat **again**.*
eger, er *if*	X: **Er** meçîyayam, tem nimewîniya. C: **Er** biçiyam, tum nimewînya. K: **Eger** mi çüwüm, tum nimewînya. ***If** I had gone, I wouldn't have seen you.*
herçend, -îj, herçen, çir ... ha *although*	X: **Herçen** nan wardime, hêman virsîm. C: Nanmîj wardiye, halî hem virsînime. H: **Çir** xordime **ha** hwardiye, velî hem versême. K: **Herçend** nanim hwardiye, halîpa virsîme. ***Even though** I've eaten, I'm still hungry.*

CONJUNCTIONS AND SUBORDINATE CLAUSES 107

ki, ta *that, thus, so that*	X: Mi meüşimê **ta** bifehmît. C: Mi mûşim **ta** bizanîn. K: Mi eřa ye mûşim **ki** fem bikeyn. K: Mi eřa ye mûşim **ki** hałît/hałîw bû. *I say it **so that** you understand.*
pîş ej eve, nuwaye, ver je eve, verce *before*	X: **Verce** ki mi çîm, dîmey. C: **Nuwaye** biçim, ewim dî. K: **Pîş ej eve** ki biçim, ewim dî. K: **Ver je eve** ki biçim, ewim dî. ***Before** I left, I saw him.*
dûma, düma, bezer, diway *after*	X: **Diway** ki çîm, dîmey. C/K: **Düma/Dûma** çînim/çüynim, ewim dî. C: **Bezer** ye ki çîm, ewim dî. K: **Dûma** ej ye ki biçîm, dîme. ***After** I left, I saw him.*
çünki, çün, çon *because*	X: Serim meyey er bînit **çon** diłim tenga bîesê eřinit. C: Mam mewînîmit **çün** diłim teng bîyeseřênit. C: Mê buwînmit **çün** diłim teng bîyeseřênit. K: Mi serdan te mekem **çünki** vîr te mekem. *I will visit you **because** I miss you.*
vextê, gi, henay *when*	X: **Henay** çîm, dîyimê. C: **Vextê** çim, ewim dî. K: **Vextê** ki çüynim, ewim dî. K: **Gi** çüynim, dîme. ***When** I left, I saw him.*
her gi, her vext, ta, her *as soon as, once*	X: **Ta/Her** ye ki biřesim, nan merîmin. C: **Ta** biřesme ca, nan miyerîmin. K: **Her gi** hatim, nan mewrîmin. K: **Her vext** řesîm, nan mewrîmin. ***As soon as** I arrive, we'll eat.*
ta, ta vextê *while, as long as*	X: **Ta** ham er êrda, metûnît bixwenît. C: **Ta vextê** mi hame êre, metûnîn bixwenîn. K: **Ta** mi hame êre, metüwnînan bixwenîn. ***As long as** I'm here, you can read.*

CONJUNCTIONS AND SUBORDINATE CLAUSES | 108

ê cay ewe ki, ve caye ki, er cîyayê, ve cêye *instead/in place of*	X: **Ve cêye** bam er gerdit, memînim er mał.
	C: **Er cîyayê** ve gerdit bam, ve małêre mewisim.
	C: **Er cîyayê** ve gerdit bam, ve małêre memînim.
	K: **Ê cay ewe ki** ve gerdit bam, ê mała memînim.
	K: **Ve caye ki** e gerd tu bam, ê mała mê bimînim.
	Instead of coming with you, I will stay home.

Subordinate Clauses

X   Şineftime **ki** er şûnimit mecurê.
C   Şineftime **ki** hayne şûnme.
K   Şineftime **ki** hayte dûm mina. *(Êwetiyen)*
    Jineftime **ki** tu ve dûm mina megêrdîn. *(Êwetiyen)*
E   *I heard **that** you were looking for me.*

LK **Henay** biřesim er mał meçim nan merim.
C   **Vextê** biřesme mał mêm nan bêrim.
K   **Vextê** řesîme mała mê biçim nan bierim. *(Êwetiyen)*
    Esge ki ahatime mał mine meçim nan berim. *(Êwetiyen)*
E   ***When** I get home, I'm going to eat.*

X   **Er kate** serime meşûrdiyam, tilîfonem meşneftiya.
C   **Vextê** meleme mekird, metünistim deň tilîfone bişnewim. *(w or f)*
K   **Esge ki** dûşme megird, guşim er deňi tilîfoneke bü. *(Êwetiyen)*
    Henê meleme mekird, metunistim deň tilîfane bişnewim.
E   ***While** I was showering, I could hear the phone.*

X   **Henay** ew mi dî, jaw hawirdiya.
C   **Vextê** min dîtî, gilhawirdiye.
K   **Vextê** ew min dîtê, gilhawirdiya/ahate dumawa. *(Êwetiyen)*
    Henê ew mi dîtê heta. *(Uław Qewa)*
E   ***When** he saw me, he turned around.*

CONJUNCTIONS AND SUBORDINATE CLAUSES | 109

X	**Giře** tem dî, evînarte büm.
C	**Vextê** tüem dî, aşiqit bîm.
K	**Her e sate ki** tüm/tûnim dî, aşiqit büm. *(Êwetiyen)*
	Henê ki tunim dî aşiqit/evîndarit bîm. *(Uław Qewa)*
E	*The moment I saw you, I fell in love with you.*

X	**Er vexte** mi serim şûrd, bawem çûya.
C	**Vextê** min meleme mekird, bâwem çüî.
K	**Heni ki/Henki** mi dûşim girt, bawem çüwüe řeya. *(Êwetiyen)*
	Henê ki melem kird bawem çü. *(Uław Qewa)*
E	*By the time I showered, my father had left.*

X	Meçim bihwetim **ta** şewekîm bitûnê zü hêzim bigirê.
C	Min biyesim **ta** şewekî zü bîzôrmôr/hîz girim.
K	Min biçim besim **ta** sû zü hêz girim. *(Êwetiyen)*
	Min biçim bikewime xaw **ta** şewekî zü hêz girim. *(Êwetiyen)*
E	*I'm going to sleep so I can get up early tomorrow.*

X	**Gahes** netûnim er Îlamim biçû, <u>con</u> nexweş im.
C	**Hawîtir/Hôîtir** netûnim biçmeře Îlam, <u>axir</u> naxweş im.
K	**Biłim** mi netûnim biçime Îlam, <u>çünki/eřa ye ki</u> naxweş im. *(Êwetiyen)*
	Haytêr min netunim biçmeřa îlam çüna min nařatim. *(Uław Qewa)*
E	*Maybe I can't go to Ilam <u>because</u> I am sick.*

X	**Xwezew** zütirim te bişinasîya.
KK	**Xwezał/Kaşke** zütir e gerd tu aşna biwîyam.
C	**Xwezałê** zütir tume meşitasîya/bişitasîya.
K	**Xwezgałme** zütir/pêştir tüm bişinasiyawa. *(Êwetiyen)*
	Kaşke/Xwezałê zütir vegerd tu aşnawa mewyam. *(Uław Qewa)*
E	*I wish I had met you earlier.*

X	**Er her** mi nimeçîyam …
C	**Er her** min neçiyawîm …
K	**Ey xwezgałme/Eger tenya** mi neçüyawüm … *(Êwetiyen)*
	Er teniya/Kaşke/Xwezałê min neçiyawîm … *(Uław Qewa)*
E	*If only I hadn't left…*

STRUCTURE OF THE LEKÎ VERBS
The Simple Verbs

Infinitive form of the Lekî verbs is formed by following endings:
-în, -ên/-yn, -tin, -din, -ün, -an(d)in, -(y)an

❖ pirs**în**, řes**în**, xiř**în**, etc.
　The conjugation is regular in the Present/Future tenses,
　　e.g. me**pirs**im, me**xiř**im, me**řes**im, bi**pirs**!

❖ ha**tin**, vi**tin**, çî**ên**, kir**din**
　The conjugation is irregular in the Present/Future tenses,
　　e.g. me**a**m, mü**ş**im, me**ç**im, me**ke**m, bi**çû**!

❖ xwêł**anin**/xwêł**andin**, kuł**anin**/kuł**andin**, guř**andin**
　The conjugation is regular, **-a** of the verb stem becomes an **-ê**,
　　e.g. me**xwêłên**im, me**kułên**im, me**gurên**im, bi**kułên**!
　　exception: burş**anin** – me<u>w</u>**urşên**im, b**ûrşên**!

❖ kut**an**, kîş**an**, sut**yan**, ger**yan**
　The conjugation is regular in the Present/Future tenses,
　　e.g., me**sut**im, me**kîş**im, bi**kîş**!　　e.g., me**sut**im, me**ger**im, bi**sut**!
　　exception: d**an** – me<u>y</u>**e**m, bi**de**!　exception: jî**yan** – me**jî**m, bi**jî**!

❖ The verbs with the infinitive endings **-în, -yan, -an, -ün** have a past stem without **-n**, such as: **-nüsî-, -gerya-, -da-, -bü**. All other verbs have a past stem without **-in** & **-ên/-yn**, such as: **-hat-, -heywa-, -kułand-, -kird-, -çî-**.

The Compound Verbs

❖ These verbs consist of a noun or adjective and a verb. These verbs are always written separately, except when the verb is nominal.
　ret **bün**, qise **kirdin**, bał **girtin**, gił **hawirdin**, nîşan **dan**

❖ In conjugation, the noun/adjective part remains the same and the verb is conjugated.

Min qise mekem.	Min qisem kird.	Min qisem kirdü/kirdiwî.
I'm talking.	*I talked.*	*I had talked.*

| Min nîşan **meyem**. | Min **nîşanim** da. | Min **nîşanim** daü/dawî. |
| I'm showing. | I showed. | I had showed. |

The Compound Verbs with Prepositions

If verbs with prepositions like **ej**, **ve** or **eřa** stand with a pronoun, the preposition merges with the pronominal suffix and a buffer consonant -**n** is inserted between the preposition and the suffix.

ej ... pirsîn *(to ask someone)*
Min **ej tu**e mepirsim. → Min eji**nite** (→ejin**te**) mepirsim. *I'm asking you.*
Min **ej tu**m pirsî. → Min eji**nitim** (→ejin**tim**) pirsî. *I asked you.*
Min **ej ew**e mepirsim. → Min eji**ne** mepirsimê. *I'm asking him/her.*
Ew **ej îm**e mepirsê. → Ew ejin**mane** mepirsê. *He/She is asking us.*
Min **ej hu**me mepirsim. → Min ejin**tane** mepirsim. *I'm asking you.*
Min **ej ewan**e mepirsim. → Min ejin**ane** mepirsim. *I'm asking them.*

ve ... vitin/witin *(to tell someone)*
Min **ve tu**e mûşim. → Min bê**nite** (→bên**te**/bîn**te**) mûşim. *I'm telling you.*
Min **ve tu**m vit/wit. → Min bê**nitim** (→bên**tim**/bîn**tim**) vit/wit. *I told you.*
Min **ve ew**e mûşim. → Min bê**ne** mûşimê. *I'm telling him/her.*
Ew **ve îm**e mûşê. → Ew bên**mane** mûşê. *He/She is telling us.*
Min **ve hu**me mûşim. → Min bên**tane** mûşim. *I'm telling you.*
Min **ve ewan**e mûşim. → Min bên**ane** mûşim. *I'm telling them.*

eřa ... hawirdin *(to bring (sth. to) someone)*
Min **eřa tu**ne/**tu**e marim. → Min eřa**nite** (→eřan**te**) marim. *I bring you.*
　　　or Min eřa**te** marim. *I bring you.*
Min **ewe** eřa tune marim. → Min **ewe** eřan**te** marim. *I bring it to you.*
Min **eřa tu**m hawird. → Min eřa**nitim** (→eřan**tim**) hawird. *I brought you.*
Min **eřa ew**e marim. → Min eřa**ne** marimê. *I bring him/her.*
Ew **eřa îm**e marê. → Ew eřan**mane** marê. *He/She brings us.*
Min **eřa hu**me marim. → Min eřan**tane** marim. *I bring you.*
Min **eřa ewan**e marim. → Min eřa**nane** marim. *I bring them.*

The Separable Verbs

Prefix Suffix	The separable verbs & the Conjugation in Present tense	Conjugation in the Past tense
a- *In H/K*	**a**kirdin, **a**hatin, **a**girtin, **a**dan Mi **mea**ma – *I come back*	Mi **ahat**im/hetima *I came back*
der-	**der**kirdin, **der**çün, **der**awirdin, Min **dereme**çim – *I don't send away*	Min **derkird**im *I sent away*
heł- *or* **eł-** *In Xacevenî*	**eł**niyan, **heł**gerdin Min **ełmene**m – *I put aside*	Min **ełniya**m *I put aside*
ôr- *In Całenî*	**ôr**hatin, **ôr**hawirdin Hwere **maê**ôre – *The sun is rising.*	Hwere **hat**ôre *The sun rose.*
e- ...-ev *In Całenî*	**e**hatin**ev**, **e**dan**ev** Min **mam**eve – *I come back*	Min **hatim**eve *I came back*

NUMBERS

Cardinal Numbers

0 sifr/sirf	10 de	20 bîst/bîs	30 sî
1 yek	11 yanze	21 bîst ü yek	40 çil
2 dû/dü	12 diwanze	22 bîst ü dû	50 penca
3 sê	13 sênze	23 bîst ü sê	60 şest
4 çiwar	14 çiwarde	24 bîst ü çiwar	70 ħefta
5 penc	15 panze	25 bîst ü penc	80 heşta
6 şeş	16 şanzde	26 bîst ü şeş	90 newed/neved
7 ħeft/ħef	17 ħevde	27 bîst ü ħeft	100 sed
8 heşt	18 hejde	28 bîst ü heşt	1000 hezar
9 nû/nü	19 nûzde	29 bîst ü nû	100.000 sed hezar

1.000.000 *(yek)* milyan/milwên	1.000.000.000 *(yek)* milyar

1999 hezar ü nü sed ü neved ü nü
2019 du hezar ü nûzde

NUMBERS 113

Ordinal Numbers	Fractions	Iterative number word „car = *time*"
C: **1**st yek**û**m, yek**û**min K: **1**st yek**i**m, yek**i**mên	C: **1/2** kut, nîm K: **1/2** nîme, nîm	yê car, yê gil, car**ê** *once*
C: **2**nd d**û**wim K: **2**nd d**û**yim	**1/3** sêyan yekî, sêkut **1/3** sê yek, ej sêan yek	du car, du gil *twice*
C: **3**rd sêy**û**m K: **3**rd sêy**i**m	**1/4** çiwar kut, yek ve çiwar **1/4** çuwaryek, ej çuwaryan yek	sê car, sê gil *thrice*
C: **21**st bîst û yek**û**m K: **21**st bîst ü yek**i**m	**10/100** de ve sed **10/100** sed ê de, ej sedan de	21 car, 21 gil *21-times*
C: **34**th sî û çiwar**û**m K: **34**th sî ü çuwar**i**m	**3/10** sê ve de **3/10** de sê, ej deyan sê	100 car *100-times*

Writing of the date

Lekî	English
X: 1imi aprîl - **yekimi aprîl** C: 1ûm guledaran - **yekûm guledaran** K: 1imi mangi pence - **yekimi mangi pence** K: 1i mangi pence - **yeki mangi pence**/Newruj	1st of April
C: 5ûm gulecaran - **pencûm gulecaran** K: 5i mangi gułêł - **penci mangi gułêł**	5th of May
C: 25ûm gulecaran - **bîst û pencûm gulecaran** K: 25i mangi gułêł - **bîst û penci mangi gułêł**	25th of May
X: **er 1imi aprîl** C: **ve 1ûm guledaran** K: **ê 1imi/1i mangi pence/newruj**	on 1st of April
C: **ve 5ûm gulecaran** K: **ê 5imi mey**	on 5th of May

C: ve 25ûm gulecaran K: ê 25imi mey	on 25th of May
C: ve sał 1990 K: ê sałi 1990	in 1990
C: ve gulecaran 1990 K: ê mangi gułêł 1990	in May 1990

VERB STEMS

Verb *(intransitive)*	Present Stem	Past Stem
In Xacevenî		
amayn (to come)	-a- *(meam)*	het-
çîn/çîên (to go)	-ç-	çî-
dewîn (to run)	-dew-	dewî-
ełgerdîn (to travel)	eł-gerd-	gerdî-
gerdîn (to travel)	-gerd-	gerdî-
gozeştin (to pass (by))	-gozer-	gozeşt-
gweřîn (to change)	-gweř-	gweřî-
hetin (to come)	-a- *(meam)*	het-
hîwayîn (to escape)	-hîway-	hîwayî-
hwetin (to sleep)	-es- *(mesim)*	hwet-
jîyîn (to live)	-jîy-	jiyî-
ketin (to fall)	-ket- *(meketim)*	ket-
kołanin (to boil)	-koł-	kołan-
menin (to remain)	-mîn-	men-
mirdin (to die)	-mir-	mird-
nîştin (to sit (down))	-nîş- *(menîşim)*	nîşt-
peřin (to fly)	-peř-	peřî-
řesîn (to arrive)	-řes-	řesî-
suzîn (to burn)	-suz-	suzî-
temam bün (to end)	temam -w-	temam bî-
ve deyşt çîn (to go out)	-ç- ve deyşt *(meçim ve deyşt)*	çî- ve deyşt
ve dûma hetin (to return)	-a- ve doma *(mam ve dûma)*	het-ve dûma

VERB STEMS 115

xenîn (to laugh)	-xen-	xenî-
wisîn (to stand)	-wis-	wisî-/wisa-

Verb *(transitive)*	Present stem	Past stem
afrenîn (to create)	-afren- *(meafrenim)*	afrenî-
aştin/ojtin (to throw)	-oj- *(meojim)*	aşt-
birjanîn (to grill/roast)	-birjan-	birjanî-
daştin (to have)	dir- *(dirim)*	daşt-
dayn/dan (to give)	-ye- → -a- *(mam)*	da-
duris kirdin (to make/create)	duris-ke-	duris- kird
diwînin/dîn (to see)	-üwn-	dî-
ej des dayn (to lose)	ej dese -a-	ej des da-
ełniyan (to put aside)	eł-ne-	ełniya-
fiřetin (to sell)	-firût-	fiřet-
gil hawirdin (to return)	gil -ar- *(gile marim)*	gil- hawird
girtin (to hold/take)	-gir-	girt-
hawirdin (to bring)	-ar- *(mearim →marim)*	hawird-
hełgerdin (to come back)	heł-ger-	hełgerd-
hîştin (to let)	-îl- *(meylim)*	hîşt-
hîz girtin (to stand up)	hîz-gir-	hîz girt-
hîz dan (to lift up)	hîz-a-	hîz da-
hwardin (to eat/drink)	-er- or -wer-	hward-
kar kirdin (to travel)	kar-ke-	kar- kird/kar kird-
kirdin (to make/do)	-ke-	kird-
kîşan (to pull)	-kîş-	kîşa- *(kîşam)*
koşîn (to try)	-koş-	koşî- *(koşîm)*
kułwirdin (to carry)	kuł-wir-	kuł-wird
nûsîn (to write)	-nüs-	nüsa-/nüsî-
nîşan dan (to show)	nîşan -ye-	nîşan da-
piya kirdin (to find)	piya -ke-	piya- kird
pirsîn (to ask)	-pirs-	pirsî-
senin (to buy)	-sîn-	sen-
tûnistin (can)	-tûn- *(metünim)*	-tûnist-
vitin (to say)	-üş- *(müşim)*	vit-
wastin (to want)	-êt-	-wast-
we dawî řesanin *(to finish)*	we dawî -řesin-	we dawî řesan-
wełam dan (to answer)	wełam -a-	wełam da-
westin (to close)	-wes-	west-

VERB STEMS | 116

wirdin (to take/bring/carry)	-wir-	wird-

Verb *(intransitive)*	Present Stem	Past Stem
In Całenî		
çün/çîên (to go)	-ç-	ç-
deyştir çîn (to go out)	-ç- deyştir *(meçime deyştire)*	çî- dêyştir
dewîn (to run)	-dew-	dewî-
duma hatin (to return)	-a-e duma *(mame duma)*	hat-e duma
ehatin/ehatinev (to return)	-a-e *(mame)*	ehat-
er kîs çin (to lose)	er kîs-...-e -çû	er kîs- -ç-
geřdîn (to travel)	-geřd-	geřdî-
gozeryan (to pass (by))	-gozer-	gozerya-
guřîn/guweřîn (to change)	-guř-	guřî- guweřya-
hatin (to come)	-a- *(mam)*	hat-
heywayin (to escape)	-eywa-	heywa-
hwetin (to sleep)	-ês- *(meêsim)*	hwet-
jiyayn (to live)	-jî-	jiya-
ketin (to fall)	-kew- *(mekewim)*	ket-
kołyayn (to boil)	-koł-	kołya-
menin (to remain)	-mîn-	men-
mirdin (to die)	-mir-	mird-
nîştin (to sit (down))	-nîş- *(menîşim)*	nîşt-
ôrhatin (to puke)	-a-ôre *(maêôre)*	hat-ôre
řesîn (to arrive)	-řes-	řesî-
ret bün (to pass (by))	ret -w- *(rete mewim)*	ret bî-
siziyan (to burn)	-siz- *or* -sizî-	siziya-
temam bün (to end)	temam -w-	temam bî-
xenîn (to laugh)	-xen-	xenî-
wisaîn (to stand)	-wis-	wisa-

Verb *(transitive)*	Present stem	Past stem
awiştin (to throw)	-awij- *(mawijim)*	awişt- or awit-
bał girtin (to fly)	bał-gir- *(bałe megirim)*	bał girt-
bestin (to close)	-wes-	best-
birdin (to take/bring)	-wir-	bird-

VERB STEMS | 117

birg dayn (to throw)	birg-ye- *(birge myem)*	birg- da
burşanin (to grill/roast)	-worşin-	borşan-
ca hîştin (to pass (by))	-îl- ca *(meylime ca)*	hîşt- ca *(hîştime ca)*
ciwaw dan (to answer)	ciwaw -ye-	ciwaw- da
dayn/dan (to give)	-ye-	da-
dirus kirdin (to make/create)	dirus-ke-	dirus- kird
dwînin/dîn (to see)	-win-	dî-
edayn(ev) (to open)	-ê-ev<u>e</u> *(meêmeve)*	da-ev<u>e</u> *(**da**meve)*
edîn(ev) (to find)	-wîn-ev<u>e</u> *(mewînimeve)*	dî-ev<u>e</u> *(**dî**meve)*
eniyayn(ev) (to close)	n-yev<u>e</u>- *(menimyeve)*	niya-eve *(niyameve/niyame)*
ewez kirdin (to change)	ewez-ke-	ewez- kird
fiṙûtin (to sell)	-fiṙûş-	fiṙût-
gil hawirdin (to return)	gil -ar- *(gile marime)*	gil- hawirde
girtin (to hold/take)	-gir-	girt-
gistin (to want)	-gî-	gist-
hawirdin (to bring)	-ar- *(mearim →marim)*	hawird-
hîştin (to let)	-îl- *(meylim)*	hîşt-
hîz girtin (to stand up)	hîz-gir-	hîz- girt
hîz dayn (to lift up)	hîz-ye-	hîz- da
hyaristin (to dare) *(Całen)*	-yar- *(myarim)*	hyarist-
vêristin (to dare) *(Kakeven)*	-vêr- *(mevêrim)*	vêrist-
hwardin (to eat/drink)	-er- or -wer-	hward-
kar kirdin (to travel)	kar-ke-	kar- kird
kiranin (to pull)	-kirin-	kiran-
kirdin (to make/do)	-ke-	kird-
kîşan (to pull)	-kîş-	kîşa- *(kîşam)*
kułandin (to boil)	-kułên-	kułand-
kołgirtin (to carry)	koł-gir-	koł-girt
nüsayn (to write)	-nüs-	nüsa-
nüşan dan (to show)	nüşan -ye-	nüşan- da
ôrhawirdin (to rise: sun)	-ar-ôre *(marimôre)*	hawird-ôre
peya kirdin (to find)	peya -ke-	peya- kird
pirsîn (to ask)	-pirs-	pirsî-
red kirdin (to pass (by))	red-ke-	red- kird
sefer kirdin (to travel)	sefer-ke-	sefer- kird
senin (to buy)	-sîn-	sen-
temam kirdin (to finish)	temam -ke-	temam- kird
teqla kirdin (to try/struggle)	teqla -ke-	teqla- kird

VERB STEMS

tünistin/tüwnistin (can)	-tün- *(metünim)*	-tünist-
vitin (to say)	-ûş- *(mûşim)*	vit-
ve des dayn (to lose)	ve des-...-e -ye-	ve des- da
xêr hawirdin (to turn)	xêr-ar- *(xêre marim)*	xêr- hawird

Verb *(intransitive)*	Present Stem	Past Stem
In Kwêyeşt		
ageriyan (to return)	-ger-a	geriya-a
ahatin (to return)	-a-a *(mama)*	ahat-
ahewstayn (to stand up)	-ws-a *(mewsima)*	hewsta-a
ahûsan (to stand up) Hersîn	-ûs-a *(mûsima)*	hûsa-a
anîştin (to sit (down))	a-nîş- *(amenîşim)*	anîşt-
çerxîn (to turn)	-çerx-	çerxî-
çün/çîên (to go)	-ç-	çü-
derçün (to go out)	der-ç- *(dere meçim)*	derçû-
derketin (to go out)	der-kew- *(dere mekewim)*	derket-
duwîn (to run)	-duw-	duwî-
fiřîn (to fly)	-fiř-	fiřî-
geřdîn (to travel)	-geřd-	geřdî-
geştiyan (to travel)	-	geşt-
gozeryan (to pass (by))	-gozer-	gozerya-
guřîn/guweřîn (to change)	-guř-	guřî- guweřya-
hatin (to come)	-a- *(mam)*	hat-
heywayin (to escape)	-heywa-	heywa-
huwstan (to stand)	-(h)uws(t)-	huws(t)a-
hwardin (to eat/drink)	-er- *or* -wer- *or* -wr-	hward-
hwetin/xwetin (to sleep)	-es-	hwet- *or* xewî-
jiyîn/jiyan (to live)	-jî-	jiya-
kenîn (to laugh)	-ken-	kenî-
ketin (to fall)	-kew- *(mekewim)*	ket-
kułyan (to boil)	-kuł-	kułya-
menin (to remain)	-mîn-	men-
mirdin (to die)	-mir-	mird-
peřîn (to fly)	-peř-	peřî-
řemîn (to run)	-řem-	řemî-

VERB STEMS

řesîn (to arrive)	-řes-	řesî-
ret bün (to pass (by))	ret -w- *(rete mewim)*	ret bü-
sutiyan (to burn)	-sut- *or* -suz-	sutiya-
temam bün (to end)	temam -w-	temam bü-
xenîn (to laugh)	-xen-	xenî-

Verb *(transitive)*	Present stem	Past stem
adîtin (to find)	-uyn-a *(muynima)*	dît-a or dî-a *(dîma)*
akirdin (to open)	a-ke-	a-kird
awiştin (to throw)	-awij- *(mawijim)*	awişt- or awit-
bał girtin (to fly)	bał-gir- *(bałe megirim)*	bał- girt
birdin (to take)	-wir-	bird-
birjandin (to grill/roast)	-wirjên-	birjand-
bestin (to close)	-wes-	best-
cuwaw dan (to answer)	cuwaw -ye-	cuwaw- da
çê kirdin (to make/create)	çê-ke- *(çêy mekem)*	çê-ê kird *(çêmê kird)*
durist kirdin (make/create)	durist-ke-	durist- kird
dayn/dan (to give)	-de- *or* -ye-	da-
dwînin/dîn (to see)	-wîn-	dî-
fiřuştin (to sell)	-firuş-	fiřut-
geşt kirdin (to travel)	geşt- -ke-	geşt- kird
gil awirdin (to return)	gil -ar- *(gile marim)*	gil- awird
girtin (to hold/take)	-gir-	girt-
gistin (to want)	-wê-	gist-
guřandin (to make change)	-guřên-	guřand-
hawirdin (to bring)	-ar- *(mearim →marim)*	hawird-
hewl dan (to try/struggle)	hewl-ye-	hewl- da
hêz dan (to lift up)	hêz-ye-	hêz- da
hêz girtin (to stand up)	hêz-gir-	hez- girt
hiştin (to let)	-hil-	hişt-
hwastin (to want)	-wê-	hwast-
kar kirdin (to travel)	kar-ke-	kar- kird
kêrîn (to buy)	-kêr-	kêrî-
kirdin (to make/do)	-ke-	kird-
kîşan (to pull)	-kîş-	kîşa- *(kîşam)*
kułandin (to boil)	-kułên-	kułand-
kułgirtin (to carry)	kuł-gir-	kuł-girt
nîşan dan (to show)	nîşan -ye-	nîşan- da
nüsîn/nüsayn (to write)	-nüs-	nüsî- *or* nüsa-

pêya kirdin (to find)	pêya -ke-	pêya- kird
pirsîn (to ask)	-pirs-	pirsî-
qise kirdin (to talk)	qise -ke-	qise- kird
şinewtin (to hear)	-şinew-	şineft-
temam kirdin (to finish)	temam -ke-	temam- kird
xêr hawirdin (to turn)	xêr-ar- *(xêre marim)*	xêr- hawird
xiřîn (to buy)	-xiř-	xiřî-
witin/vitin (to say)	-uş- *(muşim or mujim)*	wit- *or* vet-
zanistin (to know)	-zan-	zanist-

Verb stems for the passive voice

Verb	Passive verb stem
birdin (to take/bring)	-bir- *or* -wir-
birşandin (to grill/roast)	-birş- *or* -bûrş-
daên (to give)	-daê- *or* -dir-
dîn (to see)	-wîn-
fiřûştin (to sell)	-fiřûş- *or* -fiřût-
girtin (to capture)	-gîr-
kil kirdin (to send)	kil -kir-
kirdin (to open)	-kir-
nüsîn (to write)	-nüs-
aşardin (to burn)	-şar-a
xwardin (to eat)	-xwer- *or* -hwer-
witin (to say)	-wit- *or* -vit-

<u>Abbreviations</u>

B – Baleven/Balavand

C – Całen/Jalalvand

e.g. – for example

H – Hersîn/Harsin

K – Kwêyeşt/Kuhdasht

KK – Kakeven Kirmaşan

p. e. – personal ending/suffix

pl. – plural

sb. – somebody

sg. – singular

sth. – something

X – Xaceven/Khajavand